VOYAGE
EN MORÉE,
A CONSTANTINOPLE,
ET EN ALBANIE. 4608

TOME SECOND.

DE L'IMPRIMERIE DE MARCHANT.

VOYAGE
EN MORÉE,
A CONSTANTINOPLE,
EN ALBANIE,
ET DANS PLUSIEURS AUTRES PARTIES
DE L'EMPIRE OTHOMAN,

PENDANT LES ANNÉES 1798, 1799, 1800 et 1801.

Comprenant la description de ces pays, leurs productions, les mœurs, les usages, les maladies et le commerce de leurs habitans; avec des rapprochemens entre l'état actuel de la Grèce, et ce qu'elle fut dans l'antiquité.

PAR F. C. H. L. POUQUEVILLE,
DOCTEUR EN MÉDECINE, MEMBRE DE LA COMMISSION DES SCIENCES ET DES ARTS D'ÉGYPTE, etc.

Ouvrage enrichi d'un Précis historique et géographique sur l'ancienne Épire, et de Cartes dressées par M. Barbié du Bocage, Géographe des Relations Extérieures, accompagné de Pièces Justificatives, et orné de Figures et de Vues nouvelles.

DÉDIÉ A S. M. L'EMPEREUR.

A PARIS,
CHEZ GABON ET COMP^e, LIBRAIRES, PLACE DE L'ÉCOLE DE MÉDECINE

M. DCCC. V.

PIECES JUSTIFICATIVES

CONCERNANT

LE COMMERCE ET LA NAVIGATION

DU MAGNE.[1]

PREMIERE QUESTION.

Combien y a-t-il de villages au Magne? Quelle est sa population?

Réponse d'un capitaine du Magne.

On trouve au Magne soixante-dix villages, faisant sept mille maisons, dix mille hommes faits; en tout, la population est de trente deux mille ames.

Réponse de Zanetachi, ancien bey du Magne.

Il y a au Magne environ cent villages, tant grands que petits. La population est d'environ quarante mille ames.

II.

Quelles puissances ont des consuls et vice-consuls au Magne?

Il n'y a point au Magne de consuls, ni vice-consuls étrangers. Le consul général de Venise, qui a la majeure partie du Péloponèse, envoie un fondé de procuration, et perçoit les droits sur le pavillon vénitien. Le Magne est voisin de l'île de Zante, et des autres îles sous la domination des Vénitiens; le pavillon vénitien y domine, et le pavillon du grand seigneur, qui importent et exportent du Magne. On a pour ce fondé de procuration, le même respect que pour le consul général lui-même.

Il n'y a jamais eu de consuls, ni de vice-consuls au Magne. L'année 1776, que je fus saluer le très-haut capitan pacha à Rhodes, et que j'envoyai des gens à la cour de Constantinople, que le Magne fut séparé du gouvernement de la Morée, et soumis aux ordres du grand seigneur, comme toutes les îles du Levant; le consul général de Venise en Morée, établit vice-consul au Magne, un Maniate pour lequel on eut tout le respect.

---

[1] J'ai cru faire plaisir en appuyant de ces pièces justificatives, ce que j'ai recueilli sur le Magne, quinze ans après leur date. Elles appuient spécialement les faits commerciaux que j'ai exposés.

III.

Que doivent faire ces consuls, pour être en sûreté, et respectés, ainsi que leurs nationaux ?

Les Maniates se comportent envers les étrangers avec bonté et générosité. Ils sont affables, libéraux, amis des étrangers ; ils ambitionnent beaucoup de se faire connaître ; on les trouve toujours prêts à servir plus pour l'honneur que pour l'intérêt, principalement envers les négocians, pour se faire des associés. (Je ne dis pas tous, il y en a aussi de barbares.) Les grandes familles du Magne, qui sont Zapitades, (primats) et résident dans les ports, jouissent de toutes les commodités, des richesses, sur-tout la famille de Mavromikali, qui est établie au port Vitilon. Cette famille a présentement pour chef un nommé Capitaine Pierre, qui, à dire la vérité, est un digne sujet, et orné des qualités les plus honorables et les plus nobles. Jamais on n'a entendu dire que le moindre Maniate ait reçu le moindre tort de cette famille. Ce port de Vitilon est également avantageux, et pour les importations et les exportations, étant un port sûr, situé au milieu du Magne.

Ils doivent vivre en bonne intelligence avec le commandant du Magne, avoir son amitié. La probité, la bonne foi doivent diriger toutes leurs actions.

IV.

Y a-t-il au Magne des négocians étrangers établis ? Combien sont-ils, et de quelle nation ?

Il vient au Magne des négocians de beaucoup de pays, mais

Au Magne, il n'y a point de négocians étrangers établis. Ils ne cependant de passage, suivant les saisons; ils n'y résident pas. Présentement, depuis la guerre des grands rois, il vient au Magne quelques Grecs du Péloponèse, les plus voisins, mais en petit nombre. Ils font un commerce, mais peu considérable, manquant de moyens. Les habitans du pays font quelque négoce, chacun suivant la force des facultés qu'il possède.

viennent au Magne que dans le temps de la récolte; lorsqu'ils ont terminé leurs affaires, ils partent. La majeure partie des huiles est acquise par les Esclavons, pour Trieste. Elles sont plus chères que celles de Morée, par la supériorité de leur qualité. La vallonée et les noix de galle sont achetées par toute sorte de gens; on les charge sur des bâtimens vénitiens. Les Moraïtes achètent les soies pour Tunis. Le reste des marchandises est acquis suivant le bon plaisir de chacun.

V.

Quels habitans du Magne font le commerce, achètent les marchandises de leur pays, qui sont propres pour les étrangers?

Aucun Maniate ne fait le commerce, pour deux raisons: la première, parce qu'ils n'ont point de capitaux; la seconde, parce qu'ils n'ont aucune connaissance du commerce. Le commandant du Magne est seul maître de vendre les marchandises de ce pays. Sans sa permission, aucun Maniate ne peut vendre, ni aucun étranger ne peut acheter; savoir: les huiles, les soies, et la vallonée; le reste des marchandises est acquis et vendu au bon plaisir de chacun.

VI.

Combien faudrait-il payer à un Maniate, pour qu'il vendît les marchandises bonnes pour le Magne, et qu'il achetât les productions du Magne?

On donne la provision suivant les lois du commerce, et suivant

Ceci ne s'est jamais pratiqué. Il suffit que le négociant s'accorde l'accord qu'on a fait dans les besoins.

avec le commandant; il n'a rien autre à dépenser.

VII.

Que doit faire le négociant étranger, pour que son gain ne lui soit point ravi par les Maniates, et que l'argent qu'il aurait donné en avances ne courût aucun risque?

Tout négociant qui donne son argent pour accaparer, ou des effets à crédit, ne court aucun risque, parce que la maison à laquelle il s'est appuyé, a l'obligation de le défendre.

Nous avons répondu à cet article, ci-dessus. Cependant, pour que le négociant soit en sûreté en toutes circonstances, il faut que dans ses affaires il s'accorde avec le commandant, lequel est nommé par la très-haute Porte des Othomans. Agissant ainsi, toutes ses affaires auront un succès assuré.

VIII.

Quelle est la justice et la police du Magne? Sont-elles administrées avec tant de soins, que l'étranger et ses biens ne courussent aucun risque?

La justice et la police dépendent uniquement du commandant du Magne. Tout négociant qui a affaire avec lui ne court aucun risque.

IX.

Le pacha de Morée peut-il faire exécuter ses ordres au Magne, et châtier les méchans?

Le Magne dépend du gouvernement du capoudan pacha, qui fait tout ce qu'il veut et ce qui lui plaît.

Le pacha de Morée commandait autrefois au Magne. Mais, depuis l'année 1770, que cette province a été détachée du gouvernement de Morée, et s'est dédiée aux forces navales du grand seigneur, le pacha de Morée n'y a aucun commandement. Elle est sous les ordres de capoudan pacha.

X.

Ce pacha pourrait-il obliger les capitaines des différens quartiers à veiller à la bonne conduite des Maniates, et les rendre responsables de leurs mauvaises actions ?

Le commandant du Magne peut punir de mort les méchans; il administre la justice envers les bons, suivant les circonstances. Quand quelqu'un a à se plaindre de sa justice, il recourt à l'autorité du capoudan pacha.

XI.

Une maison de commerce serait-elle en sûreté, et utile au Magne ? Quelle nation serait la mieux vue des Maniates ?

Le Magne donnerait beaucoup de gain à un négociant étranger qui s'y établirait ; il serait en sûreté. Les Maniates le regarderaient comme leur bienfaiteur, et tous les gens de bien formeraient un corps, pour maintenir son honneur et ses biens.

Une maison de commerce serait en sûreté, et utile. Il faut observer les lieux et les provinces du Magne. Le Magne est composé de sept petites provinces, dont les habitans ont des usages différens; il y a même quelque diversité dans le langage, quoique la langue grecque soit celle qu'on parle. Dans la province de Zarnate Stavropion, il y a un bon port nommé Chitriès. En face est Coron, à quatorze milles de mer de distance ; à seize milles Petalidi ; de Petalidi au fleuve nommé de Nisi d'Androuse, quatorze milles ; de ce fleuve à Calamatta, dix milles; Modon est éloignée de Chitriès, de trente milles. Chitriès est la capitale du Magne. On en tire les soies, les huiles, et tous autres genres, à l'exception de la vallonée. Mistra est distante de Chitriès, de huit heures de chemin; Androussa, de cinq; Londari, de huit; Dropolizza ou Tripolitza, de quatorze; Charitena, de douze. Telles sont les villes de Morée les plus voisines de ce port. Les Maniates de Chitriès ont une correspondance et un commerce avec les Grecs de Morée. Le port de Chitriès peut contenir un bon nombre de bâtimens. On y est en sûreté avec toute sorte de vents. C'est le lieu le plus propre pour établir une maison de commerce.

XII.

Quelles marchandises portent les étrangers au Magne? sous quel pavillon? Le nombre des bâtimens de chaque nation, par exemple :

Tant de bâtimens de . . . . etc.

Ont porté . . . . etc.

Au Magne, il passe toute sorte de marchandises, comme dans tout le Levant, et, suivant les besoins, les Péloponésiens, et les autres Levantins, font des importations.

On porte au Magne des marchandises de tout genre. Les pavillons turc et vénitien y dominent: les autres pavillons y paraissent rarement.

XIII.

Combien paient de douane les marchandises d'importation?

On paie de douane, d'entrée et de sortie, trois pour cent; cependant les articles les plus considérables se négocient francs de douane. Les marchandises se vendent au poids.

Il n'y a point eu encore de droit particulier établi pour les marchandises d'entrée et de sortie; les unes et les autres paient deux pour cent.

XIV.

Quelles sont les productions du Magne ?
La quantité de chacune, article par article ?

Les productions du Magne, sont :
L'huile,
La vallonée,
La soie,
Le miel,
La cire,
Les noix de gal'e,
Le coton,
Le vermillon,
} Plus ou moins, suivant la fertilité ou la stérilité de l'année.

Ces productions forment une somme assez considérable. Finalement, de l'argent, de la conduite, et de la pratique, et on fera de grandes et bonnes affaires.

Les différentes productions du Magne, sont :
L'huile, environ 13000 barils.
La soie, environ 16000 livres.
La vallonée et la noix de galle, environ 3 millions.
} Dans une bonne année.

Quant aux autres productions, comme,
Le miel,
La cire,
Le coton,
Le vermillon,
} Qui sont achetés par toute sorte de gens,
J'en ignore la somme.

XV.

Combien paient de douane, les marchandises d'exportation ?

A cet article, il a été répondu ci-dessus.

XVI.

Quelles marchandises peuvent charger les étrangers au Magne ? Combien en passe-t-il chez les étrangers ?
Par exemple :
Tant . . . . à . . . . , . . . etc.

A cet article, il a été répondu ci-dessus.

XVII.

Quelles marchandises de l'Amérique et de la France sont propres pour le Magne ?

D'où les tire-t-on ?

Jusqu'à présent il n'a été porté directement au Magne aucunes marchandises de l'Amérique et de la France. La maison de commerce qui s'y établirait, verrait de ses yeux celles qui pourraient avoir la préférence, parce que chaque genre de marchandises est apprécié sur les lieux : on se règle sur les villes de Morée les plus voisines du Magne.

XVIII.

Quels seraient les moyens pour que ces marchandises vinssent en droiture de France ? On éviterait ainsi les dépenses que l'on fait en les tirant de seconde et troisième main. Quel est le lieu de Morée le plus à portée du Magne, pour ces articles ?

Il n'y a point d'autres moyens que la direction et les spéculations du négociant.

Ceci, comme nous l'avons dit ci-dessus, dépend des lumières, et de la pratique des négocians. Le lieu le plus propre, à tous égards, et comme il est généralement connu, est Chitriés.

XIX.

Les Français chargent-ils de l'huile au Magne ? Combien pourraient-ils charger de bâtimens en une année ?

Les Français chargent quelque peu d'huile ; mais les autres nations les préviennent.

Les Français chargent quelquefois de l'huile au Magne, mais très-rarement, parce que les Esclavons, les prévenant, accaparent toutes les huiles.

XX.

Combien y a-t-il de ports au Magne ?

Sont-ils sûrs pour les bâtimens ?

Quels sont les bâtimens les plus grands qui puissent y entrer ?

Les ports du Magne, sont : Chitriès, Vitilon, ci-dessus mentionnés, Vathi, Marathonisi, Trinisa, tous excellens, principalement Vitilon.

Il y a au Magne, cinq ports: le premier, Chitriès, au cap Calamatta ; le second, au milieu du Magne, nommé Vitilon ; le troisième, à l'autre extrémité du Magne, voisin du cap Matapan, en face de Cérigo, nommé Porto-Calio ; du côté de Pagania est le port Vathi ; à Eléos est le port Trinisa. Tous ces ports sont grands, et peuvent recevoir toute sorte de bâtimens, depuis les plus petits jusqu'aux vaisseaux à trois ponts. Au port Vitilon, on ne peut point faire eau, il n'y a pas de fontaines, ni de bois à brûler. Le port Calio a de l'eau, mais en petite quantité. La distance de ces ports est, de Chitriès à Vitilon, trente milles ; de Vitilon à Calio, vingt-cinq ; à peu près la même distance entre les autres ports.

XXI.

Quelles dépenses faut-il faire pour porter les marchandises des magasins à la marine ?

Les négocians conviennent d'un prix avec ceux qu'ils emploient à ce travail.

XXII.

Y a-t-il des Maniates qui conservent l'usage ancien de porter des bonnets de fer ?

Je vous prie de me dire quels sont les usages anciens que conservent les hommes, les femmes, les prêtres, pour les mœurs et la religion ?

On conserve, en certaines parties, des usages anciens, mais non partout. Cependant il existe encore de ces anciens Lacédémoniens, d'une éducation rigide ; ce sont des gens robustes et valeureux.

Quelques Maniates habitant le cap Gros, portent des bonnets de fer. Ils sont les seuls qui conservent quelque chose des usages anciens. Ils professent, comme tous les Maniates, la religion de Jésus-Christ, grecque, respectent ses dogmes, et y sont si attachés, qu'ils sacrifieraient volontiers leur vie pour les défendre.

XXIII.

Quels sont les monumens anciens qui se trouvent au Magne, et sur terre, et sous terre ?

Des monumens, des restes de châteaux, tombeaux et temples anciens, se trouvent très-abondamment : depuis Sainte-Sion jusqu'aux confins de Calamatta, jusqu'au cap Matapan, jusqu'au fleuve Eléos, à peine trouvez-vous cinq milles à marcher sans en rencontrer. Tous les savans et connaisseurs du pays jugent que ces monumens ont été élevés avec les trésors des rois. On trouve aussi sur les marbres beaucoup d'inscriptions et d'incisions que nous ne connaissons pas ; des antres, des cavernes en très-grand nombre ; plusieurs ont cherché d'en trouver l'extrémité, on a réussi pour quelques uns. C'est le pays de tout l'univers où on trouve le plus d'antiquités.

L'air du Magne, dans la partie située au nord, est très-sain, et les habitans y sont bien portans. La

On trouve beaucoup de monumens anciens au Magne, et sur terre, et sous terre. Pour en faire la description, il faudrait les examiner avec attention ; je ne puis donc répondre plus en détail à cet article.

partie qui regarde au Levant est un peu moins saine, et les habitans y ont peu de santé.

NOUVELLES QUESTIONS.

I.

Quelle est la partie du Magne où l'air est sain, et la partie où l'air est malsain?

II.

La population du Magne, d'environ quarante mille ames, trouve-t-elle sur son territoire les grains, les bestiaux, le vin pour se sûbstanter? D'où tire-t-elle ceux de ces articles qui lui manquent en total ou en partie?

III.

Dans une année, combien se consomme-t-il, dans l'île du Magne,

de café, } de l'Amérique
de sucre, } française?
D'où les tire-t-on?

IV.

Si un comptoir français du Magne, vendait ces articles moins chers, la consommation serait-elle plus considérable?

RÉPONSE DE ZANETACHI, ANCIEN BEY DU MAGNE.

Monsieur,

Ayant lu et relu avec la plus sérieuse attention les nouvelles questions que vous m'avez faites, pour pouvoir y répondre très-exactement, il ne faudrait pas moins que les lumières d'un négociant, qui, pendant un long espace de temps, se serait occupé des connaissances du commerce du Magne. Je me suis attaché inviolablement et scrupuleusement à suivre la vérité: c'est pourquoi je ne puis me compromettre par des réponses au hasard. Ce que je puis bien assurer, est;

V.

Quelles sont les étoffes, les toiles que les gens du commun, et les gens aisés emploient à leurs vêtemens?

Quelles sont celles qui se fabriquent au Magne?

A peu près la quantité de chaque espèce qu'on tire de l'étranger, et quelle est la nation qui les importe?

VI.

Quelle quantité de
fusils,
pistolets,
sabres, } pourrait-on vendre dans l'année au Magne?
cangiards,
poudre,
plomb,

Quelle est la nation qui fournit ces articles?

VII.

A l'égard des exportations, je désire savoir le poids d'un baril d'huile, à peu près les quantités de
vermillon,
cire, } année commune?
coton,
miel,

Comme au Magne il y a des troupeaux de moutons, com-

1°. Que le caractère des Maniates est celui de tout peuple non encore éclairé par les lumières du commerce. Cette inclination à la piraterie qu'on leur reproche, n'est point née avec eux. Privés des arts, et des moyens pour pouvoir se procurer les commodités de la vie, l'intérêt, et souvent une nécessité urgente, les portent à recourir à des moyens illicites pour satisfaire le manque des commodités, des richesses, ou le pur nécessaire. Un Maniate qui a ses besoins ne cherche point la fortune par des voies illicites. On accueille, on aime l'étranger dont les relations portent avec elles quelqu'utilité : telle est l'origine de l'amitié des Maniates pour les Vénitiens. Facilement les Vénitiens cultivent cette amitié, et la dépense n'est pas considérable. De temps en temps se montrent au Magne des vaisseaux de guerre vénitiens, souvent même le capitan *delle navi* (amiral vénitien.) Le Maniate qui va à bord est bien reçu. Les primats du Magne, outre des politesses et des amitiés distinguées, reçoivent souvent un petit présent, qui, quoique de peu de valeur, ne laisse pas cependant que d'exciter leur reconnaissance. Le pavillon vénitien, le seul de la chrétienté qui fréquente les ports du Magne, doit naturellement y être bien reçu. La rivalité des Vénitiens n'est point un obstacle invincible. Le Maniate, trouvant des avantages majeurs avec les Français qu'avec les Vénitiens, abandonnera bientôt ces derniers, pour s'attacher aux

VIII.

Il a été oublié de répondre à ma question sur le caractère des Maniates, et leur portement à l'égard des étrangers.

IX.

Quel bénéfice trouverait le négociant qui avancerait son argent, ou des marchandises, pour l'accaparement des productions ?

X.

Y a-t-il au Magne des bois de construction navale, et des charpentiers capables de faire des bâtimens pour tenir la haute mer ?

Avec ces bâtimens, les Maniates font-ils quelque commerce ?

XI.

Il n'est que trop connu que les Maniates se livrent à la piraterie. De quels bâtimens se servent-ils, et quels moyens faudrait-il employer pour les en empêcher ? Le précédent bey avait-il à cet effet quelque galiote ou felouque ? celui qui le supplée actuellement en a-t-il ?

bien de laine produisent-ils à vendre dans l'année ?

premiers. La sincérité, les bonnes manières des Français vaincront facilement l'inclination et le cœur des Maniates. Si les fêtes des vaisseaux de guerre vénitiens sont capables de produire quelque bon effet, combien plus ne doit-on pas espérer des vaisseaux de guerre du roi de France ? Outre cela, le Maniate règle sa conduite sur l'exemple et les ordres de ses commandans, et ceux-ci n'ont point d'autre guide que la volonté du bey.

2°. Si un vice-consul, nommé par le consul général vénitien, dans le Péloponèse, est considéré et respecté au Magne, combien plus le sera un officier décoré d'une patente de son propre souverain, et appuyé du ferman du grand seigneur des Othomans ?

Les politesses marquées dont vous m'avez honoré, Monsieur, m'ont pénétré le plus vivement. Ne possédant que le grec, ma langue naturelle, j'ai beaucoup souffert de ne pouvoir exprimer de vive voix ma reconnaissance. Ces sentimens, Monsieur, m'ont rendu toujours avide des heureuses occasions de pouvoir vous être bon à quelque chose. Le zèle qui brille en vous, Monsieur, pour le bien général, m'offre cette occasion si désirée. A ce bonheur pour moi, se joint le doux plaisir que j'ai éprouvé de répondre à vos questions.

Vous m'avez, Monsieur, inspiré la confiance la plus entière : c'est pourquoi je me décide à m'ouvrir à vous sans aucune réserve. Ma famille (et ce récit ne participe en rien de la vanité) s'est

XII.

De quel ordre a-t-on reconnu le vice-consul vénitien au Magne? a-t-il l'*exæquatur* du grand seigneur? Un consul ou vice-consul bréveté du roi son souverain, ayant cet *exæquatur*, serait sans doute plus respecté? La décence exigeant qu'il eût deux janissaires, combien coûterait chacun de ces janissaires? obligé d'avoir un drogman, quelles langues faudrait-il qu'il parlât?

XIII.

Quels sont les articles qu'importent les bâtimens sous pavillon vénitien?

XIV.

Quels sont les articles importés au Magne sous pavillon du grand seigneur?

XV.

Quels sont les articles exportés sous pavillon du grand-seigneur?

XVI.

Quels sont ceux qui se servent du pavillon du grand seigneur?

XVII.

Les liaisons des Maniates avec les Vénitiens, sont-elles, toujours maintenue décorée de différentes dignités dans le Magne, sa patrie, et sur-tout du temps du général Morosini, qui honora Jean Coutoufari, un de mes parens de l'ordre de chevalerie, comme on le voit en lisant les histoires. Ma famille posséda en comté trois villages, du côté de Calamatta, partie en terres, et plusieurs moulins au Magne. De ses biens, une petite partie se trouve en mon pouvoir, à cause du changement des rois souverains du Magne. Les deux fermans du capoudan pacha, qui m'accompagnait, celui du grand seigneur, que je prends la liberté de vous envoyer, font voir le poste que j'ai occupé au Magne, après avoir été capitaine pendant onze ans. Après avoir passé l'espace de deux ans avec l'autorité suprême de bey du Magne, comme le font voir les fermans, j'ai été contraint de quitter le Magne, et de passer à Zante. Je n'étais point coupable d'aucune action qui méritât le ressentiment du roi ; mais je craignais la colère du capoudan pacha, trop crédule aux calomnies multipliées dont me chargeait son drogman, mon unique envieux, et mon ennemi implacable, parce qu'il voulait m'assujettir à ses idées pleines de hauteur, et à ses désirs déraisonnables. Je désire de pouvoir retourner dans ma patrie ; je dois confesser que je désire encore plus ardemment de devenir redevable de mon retour, et du recouvrement de mon premier poste au Magne, à la puissante protection de votre cour. Je vous soumets, par leur antiquité, indissolubles ?

XVIII.

Quelle conduite devraient tenir les chefs d'un comptoir, pour écarter la rivalité des Vénitiens ? Quelle est la nation qui serait la plus convenable au Magne ?

Monsieur, mes espérances. Une maison de commerce s'établissant au Magne, je m'engage de protéger ses intérêts au péril de ma vie, pour signaler ma reconnaissance, et mon zèle pour la nation française. Mon bonheur serait au plus haut degré, au comble, si l'officier qui doit être établi au Magne, par le roi, était votre très-digne fils. Les sentimens nobles, les excellentes et très-multipliées qualités de cœur et d'esprit que j'ai remarqués en ce jeune homme, lui ont acquis tout droit sur mon cœur. Possédant parfaitement la langue grecque, il me serait bien doux de pouvoir traiter personnellement avec lui les affaires, sans le secours d'un drogman, voie toujours longue, et souvent peu sûre. Je serai trop heureux, si, unissant mon zèle à celui de votre très-digne fils, je puis pour toujours me dévouer entièrement à votre nation. Je vous renouvelle ma reconnaissance, et suis avec tout le respect dû,

MONSIEUR,

Votre très-sincère et très-fidèle ami ;

Signé, ZANETT, bey. COUTOUFARI à l'original.

Zante, 6 avril 1785.

VOYAGE
EN MORÉE,
A CONSTANTINOPLE,
ET EN ALBANIE.

―――――――――――――

CONSTANTINOPLE.

―――

CHAPITRE PREMIER.

ENTRÉE AUX SEPT-TOURS; NOMS DES PRISONNIERS QUI Y ÉTAIENT DÉTENUS. — NOUS RETROUVONS DEUX DE NOS CAMARADES. — DÉCLARATION DE GUERRE DE LA PORTE OTHOMANE. — DÉTAILS SUR L'ARRESTATION DU CHARGÉ D'AFFAIRES, M. RUFFIN. — EXPULSION DES FRANÇAIS DU PALAIS DE LEUR AMBASSADEUR.

Nous applaudîmes à notre fortune, quand nous nous vîmes conduire aux Sept-Tours..... Cette bastille, dont l'idée aurait suffi, en tout autre temps, pour nous épouvanter, nous parut alors un soulagement à nos maux; et nous passâmes sans effroi sous ses portes menaçantes, qui s'ouvraient pour nous réunir à d'autres Français. Les janissaires qui nous avaient escortés depuis le port, et dont la douceur et l'honnêteté nous avaient agréablement surpris; les janissaires, dis-je, remirent le boïourdi ou ferman d'écrou qui nous concernait, au commandant du château. Comme ils tendaient la main pour nous demander une récompense, (baxis) les gardes des Sept-Tours les mirent impitoyablement à la porte, et nous firent traverser les guichets et la cour, sans nous permettre de récompenser, par la plus petite générosité, le zèle de ces Musulmans. Notre surprise fut grande, lorsqu'après avoir franchi la première enceinte, nous nous entendîmes appeler, du haut d'une fenêtre, par MM. Gérard et Beauvais, qui se trouvaient en ce lieu depuis six mois, et qui nous pressèrent dans leurs bras. Il faut connaître l'infortune, il faut avoir couru les dangers auxquels nous venions d'échapper, pour sentir ce qu'on éprouve en se retrouvant ainsi réunis, même dans la captivité !

On nous présenta aussitôt chez le chargé d'affaires de France, le Nestor de l'Orient, M. Ruffin. Ses malheurs, la douceur de sa physionomie, les cheveux blancs qui ornaient sa tête, nous prévinrent d'abord en sa faveur, et son aménité touchante acheva de lui gagner nos cœurs. A ses côtés étaient le secrétaire de légation, M. Kieffer, et M. Dantan, interprète. Nous saluâmes ensuite le général Lasalsette, M. Richemont, dont les blessures honorables, qu'il avait reçues à Prévesa, se cicatrisaient à peine; l'adjudant-général Rose, atteint d'une maladie qui l'entraînait au tombeau; et M. Hotte, chef de brigade.

Ce devoir rempli, la dette de l'amitié étant acquittée, on me fit appeler à la première porte, pour assister à la visite de quelques effets que nous possédions encore, et d'une malle remplie de livres qui m'étaient restés.

Comme nos ennemis avaient inspiré des soupçons aux Turcs sur tout ce qui était papiers, on me séquestra un *Tite-Live*, un *Tacite*, *Virgile*, *Horace*, *Ovide*, et quelques autres compagnons de voyage, respectés par les Barbaresques, dont la lecture m'avait fait passer tant de momens agréables dans ma captivité. J'avais heureusement pris le parti de lacérer mon journal, et d'en remplir mes poches, comme de papiers indifférens. Cette précaution me le conserva, et le loisir de la prison me donna les moyens de le rassembler, non comme corps de voyage, mais en style énigmatique, afin que l'étranger n'en pût profiter, s'il m'était ôté par mes spoliateurs.

On songea à notre logement provisoire, et quelques planches posées sur deux trétaux, un mauvais matelas, furent le grabat sur lequel nous reposâmes provisoirement, suivant notre usage, et sans quitter nos habits.

Le kiaya, ou lieutenant du château, appelé Zadik aga, présenta le lendemain, au drogman de la Porte, la prise qu'il avait faite; et Virgile, Horace, Lucain, etc., captifs et suspectés, comparurent devant l'interprète du sultan. Comme son excellence ne savait pas le latin, je tremblai qu'elle ne prît ces chefs-d'œuvre pour quelques grimoires, et qu'ils ne fussent ainsi perdus pour moi. Ce coup eût été foudroyant; car le moyen de réparer une semblable privation, loin de l'Europe civilisée! Mais on se contenta de sceller la malle qui les contenait, et au bout de six mois, j'obtins la levée du séquestre.

Le kiaya, de retour de la Porte, où il avait en même temps pris des ordres relatifs à notre situation, nous fit, dès le lendemain, entasser dans une chambre occupée par les domestiques du chargé d'affaires qui furent délogés. Cette fois, j'eus encore la satisfaction de me trouver réuni à mon ami Fornier. Les circonstances, dans la suite, me favorisèrent de manière à rester aussi inséparables dans le malheur, que nous le demeurerons par une amitié qu'ont cimentée les plus dures épreuves. Notre local, malsain, fétide et obscur, nous parut supportable, après ce que nous venions d'endurer; nous appréhendions même de n'en pas jouir long-temps, car on nous parlait de la mer Noire, où nous pouvions être conduits. Notre goût pour les voyages s'était un peu éteint, par les privations de la dernière traversée ; car M. Guini de la Spezzia, quoique frère d'un Français adoptif, nous avait fort peu civilement traités. Il étoit difficile de rencontrer pire; mais il pouvait y avoir d'autres Guini, et nous étions passablement dans notre nouveau réduit.

On nous parla de nos compatriotes, qui nous avaient précédés aux Sept-Tours, et dont la haine invétérée des ennemis du nom français avait provoqué la déportation dans les châteaux de la mer Noire. C'étaient MM. Flury, commissaire général du territoire othoman situé au delà du Danube; M. Janbon, commissaire général de Smyrne; le général Menan; Maugin, chirurgien, et les frères Franchini, interprètes de France : ils étaient relégués dans les forteresses lointaines de Kerason, de Sampson et de Sinope, privés de communications et immédiatement placés sous la main de Turcs fanatiques, qu'on avait encore aigris en leur inspirant les préventions les plus injustes contre leurs prisonniers.

C'était tout ce qu'on savait alors de ces hommes respectables, dont les noms, qu'on osait à peine prononcer, semblaient proscrits. Mais ce qu'on célait avec grand soin, par une pusillanimité sans exemple, c'était leur agonie dans la prison de Cavak sur le Bosphore, et les traitemens affreux qu'on leur avait fait éprouver. L'internonce, baron d'Herbert, Spencer Smith son gendre, et quelques individus subalternes, avaient été les auteurs de cette persécution, qui ne le cédait pas aux mesures criminelles qu'ils faisaient adopter contre les Français prisonniers de guerre détenus au bagne. C'était là où ils se plaisaient à contempler leurs victimes, et à jouir de leurs souffrances! Avec quelle satisfaction ils apprenaient leur mort! La guerre, les malheurs, tout ce qui coûte de larmes à l'humanité, faisait les délices de ces êtres dénaturés.

D'Herbert cependant, qui, avant de terminer sa carrière, a eu le désespoir de voir l'Europe pacifiée, avait été sauvé par les Français lors de la guerre de 1790, entre l'Allemagne et la Turquie. Mais il avait oublié ce bienfait, et nous n'étions à ses yeux que des rebelles, des perturbateurs, des ennemis de tout ordre, enfin de nouveaux Titans, qui voulaient escalader l'Olympe, et dont les foudres britanniques allaient punir la téméraire audace. La proscription s'aggravant en raison du mérite, déversait la haine de ces persécuteurs d'une manière plus particulière sur quelques individus.

On avait pourtant observé les formes d'usage envers le chargé d'affaires et la légation française, avant de les renfermer aux Sept-Tours, sous le titre d'ôtages ou moussafirs, qui devaient répondre d'Ali effendi, et de l'ambassade turque qui se trouvait à Paris.

Lorsque l'invasion d'Egypte fut connue à Constantinople, ce qui eut lieu d'abord par quelques bâtimens qui avaient apperçu notre flotte, ou qui s'étaient échappés d'Alexandrie, et à l'arrivée d'un courrier expédié par Ibrahim bey, la Porte resta un moment indécise. Circonvenue, obsédée par la Russie et par l'Angleterre, elle hésitait, et le divan lui-même était partagé. Le mouphti interrogé pour obtenir un fetfa[1], refusait ses oracles. Alors les incendies[2] se manifestèrent à Constantinople, et les femmes en profitèrent pour insulter le sultan, et lui demander s'il attendrait

---

[1] Fetfa. C'est le nom qu'on donne aux décisions du mouphti, et il était ainsi conçu : Pour légitimer la guerre contre la France, le Grand Roi (Padischa) doit-il déclarer la guerre aux Français qui sont arrivés en Egypte ? La réponse est toujours positive, *oui*, ou *non*, avec cette conclusion: *Dieu sait ce qui convient le mieux.* Cette première fois elle fut négative.

[2] C'est le signe du mécontentement; et, quand ils sont répétés, on a lieu de craindre un soulèvement. Comme on ne peut faire parvenir les plaintes au pied du trône, et qu'il y aurait du danger à le faire, on met le feu à un quartier de la ville. Le sultan, qui est obligé de venir en personne à l'incendie, entend alors les reproches que les femmes (qui ont toujours l'impunité en Turquie) lui adressent. En voyant cette scène, on ne peut que se féliciter de ne pas être sultan.

que les Français fussent sous les murs de Constantinople pour se décider. Les coalisés redoublèrent d'efforts, on déposa le mouphti, seul homme de l'empire alors juste appréciateur des événemens, et on le relégua à Castambol[1]. La Porte expédia en même temps des ordres secrets pour surveiller les Français résidans dans son empire, sans leur permettre d'en sortir, et fit insinuer au chargé d'affaires de garder les arrêts. C'était le moment où les négocians pouvaient sauver leurs propriétés, et je ne puis définir comment leurs yeux furent fascinés au point de méconnaître l'événement qui était prêt à fondre sur eux.

Les agas, suivant les passions qui les animaient, avaient profité des premières alarmes répandues par la Porte pour commettre des actes arbitraires envers les négocians de France et ses agens. Déjà à Rhodes, M. Chepy était plongé dans un cachot obscur, où il semblait devoir trouver le terme de son existence; et les Français résidans à Alep étaient appliqués à la torture. Un seul magistrat en imposait aux Turcs par sa fermeté, son courage augmentant en raison des dangers dont il mesurait la distance; il sut tout prévoir, et s'il ne sauva pas le commerce français de Smyrne en entier, ce fut la faute des circonstances, car il donna l'éveil aux négocians.

---

[1] Castambol, ville de l'Asie mineure, sur le Pont-Euxin.

Enfin, le 10 septembre arriva, jour épouvantable pour les Français fixés dans les villes du Levant! Le premier drogman de France fut appelé à la Porte, et le reis-effendi, après l'avoir comblé d'amitiés, lui dit qu'il désirait avoir une entrevue avec M. Ruffin, et toute la légation. Le chargé d'affaires, à cette nouvelle, que quelques unes des personnes qui l'environnaient paraissaient regarder d'un heureux augure, pressentit ce qui allait arriver. Il vint à la Porte à l'heure convenue. Le reis-effendi l'accueillit, ainsi que la légation, avec des prévenances qui ne semblaient pas équivoques; il l'invita à s'asseoir, et fit servir le café. Après cette réception, sans entrer dans aucuns discours, le reis-effendi se leva, et lut la déclaration de guerre de la Porte, datée du 1er. reybul de la 1213e. égire, qui concluait par l'envoi aux Sept-Tours des personnes qu'il venait d'accueillir si gracieusement.

Au prononcé de cet arrêt, qui consacre chez les Turcs la violation du droit des gens, le chargé d'affaires de France se couvrit, et, parvenu à la porte du palais, il trouva des chevaux pour lui et les siens, ainsi qu'une escorte de huit cents janissaires qui les accompagnèrent jusqu'au château des Sept-Tours.

Le sultan s'était placé dans un keosk pour voir défiler ses anciens alliés qu'il venait de charger de fers. Sur leur passage ils ne rencontrèrent que des personnes qui semblaient les plaindre, et une femme ayant voulu élever la voix, fut sévèrement châtiée par le régiment des janissaires qui était chargé de les protéger.

Dix mois s'étaient déjà écoulés depuis cet événement, et la première fureur des ennemis de la France était loin d'être assouvie! Que dis-je? lorsque la reconnaissance aurait dû désarmer Spencer Smith, il venait encore de se déshonorer (s'il est possible de le dire) en expulsant du palais national, les Français auxquels on l'avait accordé pour prison.

De malheureux pères de famille, des négocians fortunés, se virent tout à coup arrachés à leurs familles, enchaînés au sein de leurs dieux domestiques, et condamnés aux privations. Il leur restait un dernier asile; renfermés dans ce palais, emblême de la France, parce qu'ils étaient accoutumés à y voir un ambassadeur respecté, et qu'ils y retrouvaient les usages et les coutumes de leur pays au milieu d'une terre étrangère, ils goûtaient une sorte de satisfaction, ils trouvaient un adoucissement à leur malheur, lorsqu'un de ces fléaux, qui affligent souvent Constantinople, éclata d'une manière plus terrible que de coutume.

Un incendie, aussi formidable qu'inopiné, menaçait de dévorer le faubourg de Péra. Les secours semblaient inutiles pour arrêter les progrès des flammes qui détonaient avec une explosion sourde au milieu des palais et des maisons qui s'écroulaient, lorsque les Français les arrêtèrent par leur activité, en empêchant de consumer l'édifice qu'ils occupaient. Peu contens de veiller à leur propre sûreté, ils contribuèrent à sauver la chancellerie d'Angleterre; et ce fut pour les récompenser d'un service aussi important que le ministre plénipotentiaire de la Grande-Bretagne demanda bientôt après à la Porte d'être mis en possession d'un palais dont il croyait la nation à jamais effacée du tableau des puissances de l'Europe.

Il obtint sans peine une demande fondée sur l'inhumanité. Mais, pourra-t-on le croire! il osa, dans cette enceinte jusqu'alors inviolable, troubler les mânes d'Aubert Dubayet, qui y reposaient, afin d'insulter à la mémoire d'un général français! Il ne craignit pas d'ensevelir sous de vils décombres le marbre funéraire et les trophées de ce guerrier; il voulut dérober aux regards ses emblêmes triomphaux; il profana la religion de la tombe, devant laquelle s'éteignent toutes les passions! Vertus, principes reçus, droits des nations morale, rien, rien, ne fut respecté par Spencer Smith! Sa haine, ses transports, étaient ses guides pour faire le mal, auquel il s'adonnait exclusivement.

Mais c'est trop parler d'un fanatique, éloignons des souvenirs pénibles, s'il est possible; mes idées se fixent sur un objet satisfaisant pour mon cœur; je reviens à mes compagnons d'infortune. Je vais dire comment MM. Beauvais et Gérard, séparés de nous, furent conduits à Constantinople, et renfermés aux Sept-Tours, où nous les trouvâmes.

CHAPITRE II.

RELATION DE MM. BEAUVAIS ET GÉRARD. — ARRIVÉE DU CORSAIRE BARBARESQUE A PAXOUS. — IDÉE DE CETTE ÎLE. — MM. BEAUVAIS ET GÉRARD SONT CONDUITS A L'AMIRAL TURC.

Les passagers de la tartane la *Madona di Monte Negro*, séparés de nous le 5 frimaire, étaient restés sur le corsaire que poursuivait une frégate napolitaine, et ils avaient l'espoir d'être déposés à Corfou, suivant la promesse que leur en avait donnée le capitaine Orouschs. Nous l'avions vu fuir avec la rapidité du vent, qui poussait son vaisseau, en lui faisant effleurer la sommité des vagues, et il conserva l'avantage de sa marche. A la nuit tombante, le vaisseau napolitain arbora son pavillon, et tira un coup de canon à boulet pour commander d'arriver au Barbaresque, qui ne tint compte de se rendre ainsi prisonnier. On était pourtant tellement près, qu'on distinguait les chapeaux des Napolitans. Dès que les ténèbres eurent enveloppé les mers, le Tripolitain changea de route, et se sauva par cette ruse ordinaire. Le lendemain, au point du jour, il se trouva sur les côtes d'Italie, près d'Otrante, et tellement rapproché de terre, que les pêcheurs calabrois, craignant d'être pris, se réfugièrent dans les anses avec leurs barques, sous la protection des batteries qui défendent cette côte.

Vers midi, le capitaine du corsaire, Orouschs, apperçut deux bâtimens que la distance empêchait de bien juger. Comme il prétendait que c'étaient des pêcheurs, il fit la proposition de les attaquer [1]; tous les hommes de son équipage, la longue-vue en main, les examinèrent, et il fut résolu, d'un avis unanime, de courir sus...... Ils volent avec rapidité : mais quelle est leur surprise ! les prétendus pêcheurs sont des frégates napolitaines, dont une est celle qui, la

---

[1] C'est un usage établi sur les bâtimens de course des Etats barbaresques, de délibérer à la vue d'un vaisseau sur lequel on doit courir. Le reis ou capitaine prend la lunette d'approche et regarde, son second en fait autant, et ainsi de suite jusqu'au dernier des matelots et des mousses. Une seule voix qui dit, *il faut marcher*, fût-ce celle d'un matelot, impose la nécessité de combattre : c'est une des lois de leur marine.

Note de M. B.

veille, lui avait donné la chasse! Elles reconnaissent le pirate et le poursuivent: le Barbaresque est anéanti; il voit le bagne, digne asile de ses pareils, et les Français sourient intérieurement à l'espoir d'une délivrance qu'il n'est presque plus permis de révoquer en doute. Les frégates gagnent, et commencent à faire feu, sans cependant endommager le bâtiment du corsaire, qui, prosterné sur son humble pont, son pavillon étendu devant lui, invoque Dieu et le Prophète, pleure; jure et ordonne de riposter aux deux citadelles flottantes, avec son canon de calibre inférieur.

Malgré cette audace, il allait succomber. Tout annonçait que l'auteur de notre infortune devait être pris à son tour, et il ne pouvait se tirer de ce pas que par un événement aussi extraordinaire qu'inespéré. Cet événement arriva; le calme étend tout à coup son empire sur les ondes, et enchaîne les frégates napolitaines à leur surface. Le Barbaresque ordonne en même temps à son équipage de saisir les rames, et il manœuvre pour se tirer de dessous la volée de l'ennemi..... Enfin, il recueille dans ses voiles une brise à peine sensible, dont il se sert pour s'éloigner; il est bientôt en sûreté à la vue des frégates qui semblent retenues par une bonace perfide dans un espace circonscrit.

Echappé à ce danger, et craignant avec raison

de retomber dans la croisière des Napolitains qui étaient à sa poursuite, le Barbaresque quitta les côtes de la Calabre, où il ne pouvait trouver que l'esclavage. Mais, en traversant devant le golfe d'Otrante, il se trouva dans les eaux de l'aviso français *le Vif*, parti d'Egypte presqu'en même temps que nous, qu'il n'osa cependant attaquer, à cause que ce bâtiment portait du canon. Le lendemain, qui était le troisième jour de notre prise, le Barbaresque vint mouiller à la petite île de Paxous, vis-à-vis Parga, en Albanie.

Le bruit du canon de Corfou qu'on assiégeait alors, les habitans de l'île, où il venait de prendre port, lui apprirent la guerre entre la France et la Turquie.

La crainte d'être obligé de restituer avait longtemps rendu le corsaire incertain sur la conduite qu'il devait tenir avec les Français. Mais, dès qu'il connut l'état des choses, il témoigna la plus grande satisfaction, et son équipage, partageant ses sentimens, se livra tout entier à la joie. Le port de Paxous devint pour les corsaires un lieu de délices.

Ils se répandirent dans l'île pour acheter des provisions, qu'ils ne se donnaient pas la peine de marchander : ils régalaient, du matin au soir, tous ceux qu'ils rencontraient, et ils necessaient de tirer le canon. Le moindre pêcheur de sardines qui venait à leur bord était qualifié de capitaine, et ils le saluaient de toute leur artillerie, comme on aurait fait un amiral. On n'entendait que chants, que coups de pistolet, et Ibrahim tchiaoux, l'un des importans personnages de l'armement tripolitain, buvait de l'eau-de-vie au lieu d'eau; tous enfin dissipaient, avec une prodigalité inouie, ce qu'ils avaient si facilement acquis.

Au milieu de cette orgie dégoûtante que les prisonniers français étaient loin de partager, (car à peine les pirates leur accordaient le nécessaire) s'offrit un spectacle déchirant.

On vit arriver, dans des barques, des femmes et des enfans échappés au massacre et à l'incendie de Prévesa; le reste des habitans de cette ville s'étant dispersé de tous côtés. Quel cœur n'aurait gémi sur le sort de ces victimes innocentes, qui expiaient trop cruellement la faute de leurs époux et de leurs pères, assez insensés pour avoir trahi les Français, en comptant sur la reconnaissance d'Ali pacha!

Dans quel lieu venaient-elles chercher un asile, car la petite île de Paxous n'aurait pu les protéger?

On en pourra juger. Paxous [1] n'est en effet qu'un écueil d'une lieue et demie de surface dans son plus grand diamètre, et qui n'a, du nord au midi,

---

[1] Paxous, appelée anciennement Paxé, ne fut presque jamais citée; elle se trouve vis-à-vis le promontoire Chimærium, qu'on appelle aujourd'hui cap de Parga.

qu'une étendue transversale d'une demi-lieue, avec un petit port sans défense. On est même surpris comment les forbans ne la pillent pas souvent. Fertile en huile, en raisin, en fruits, elle compte une population assez nombreuse, dont les mœurs diffèrent de celles des Corfiotes, leurs voisins, par le soin que les femmes prennent de se tenir voilées aux regards des étrangers.

Au sud-est, à une lieue environ de distance, se voit Antipaxous, autre île qui est inhabitée, mais fertile, et cultivée par les habitans de Paxous.

Les prisonniers restèrent pendant trois jours dans le port de Paxous, au milieu des corsaires, ivres de vin et de débauches, qui ne parlaient que de leur trancher la tête. Au bout de ce temps, Orouschs, qui se proposait d'aller présenter sa prise à l'amiral turc, mit à la voile pour se rendre devant Corfou, à la flotte qui en faisait le siège. Il partit à onze heures du matin, et une heure avant le coucher du soleil, il entra dans le canal de Corfou, pavillon déployé. Comme il longeait de près le rivage de l'île, les batteries françaises commencèrent à faire feu sur lui, et ayant voulu riposter, il s'ensuivit une canonnade qui lui enleva un angle de la dunette de son navire. Pendant cette action, qui pouvait précipiter les Barbaresques et les passagers au fond des mers, les Français admiraient la pré cision du feu de nos batteries, dont chaque obus qui était lancé faisait coucher tout l'équipage sur le pont, lorsque le corsaire jugea prudent de s'éloigner, pour venir mouiller dans le canal, au milieu de la flotte combinée. Bientôt il se rendit auprès de l'amiral turc, auquel il annonça qu'il avait fait la plus belle prise du monde, et qu'il tenait en son pouvoir les principaux officiers de l'armée d'Orient.

A neuf heures du soir, il conduisit au vaisseau de son amiral MM. Beauvais et Gérard, que le commandant turc, Kadir bey, retint, et fit interroger jusqu'à satiété. Il les garda même, et ils n'entendirent plus parler des autres passagers, sur lesquels ils ne pouvaient former que des présomptions vagues. Ce fut là tout ce que je pus apprendre sur le sort de MM. Poitevin, Charbonnel et Bessières; et quelques autres documens que je recueillis me firent soupçonner qu'ils avaient peut-être été débarqués en Albanie, événement que le temps me confirma. Quant aux deux prisonniers dont je vais tracer l'itinéraire par terre, jusqu'à Constantinople, je dirai qu'on les fit circuler presque dans toute l'armée, et qu'ils furent conduits devant l'amiral russe Outchakof. Parmi tant de figures tour à tour honnêtes ou sévères, dont ils eurent à soutenir les importuns regards, ils démêlèrent un certain Turc parlant français, appelé Mahmoud effendi, qui avait demeuré long-temps à Londres. Il se répandait en invectives contre la France, et si parfois il était forcé de rendre hommage à quelques uns de ses grands hommes, il ajoutait toujours : *mais il avait le malheur d'être Français.*

Quant à l'amiral russe, M. Outchakof, ils ne purent converser avec lui, ce général ne sachant que le russe, et paraissant plus occupé de ses devoirs que des niaiseries insignifiantes pour lesquelles on tourmente souvent des prisonniers déjà accablés du malheur de leur situation. Il ne semblait pas, au reste, de l'avis de l'amiral turc qui se proposait de réduire Toulon, et d'aller bombarder Paris avec sa flotte, après la prise de Corfou. C'était, à l'entendre, une affaire résolue, pour laquelle il ne voulait plus de la compagnie des Moscovites ses alliés, qu'il redoutait au point de ne jamais mouiller pendant la nuit à portée de canon de leurs vaisseaux. Comme pour ce manque d'ordre, il recevait chaque matin une semonce, il s'excusait d'avoir quitté la ligne, ou rompu l'ordre de bataille, en rejetant la faute sur ses sous-officiers, et il ne manquait pas surtout de recommencer.

CHAPITRE III.

SUITE DES AVENTURES DE MM. BEAUVAIS ET GÉRARD. — SÉJOUR A BORD DE LA FLOTTE TURQUE. — LEUR DÉBARQUEMENT A PATRAS. — ILS QUITTENT CETTE VILLE ET ARRIVENT A LÉPANTE.

Messieurs Gérard et Beauvais, après avoir demeuré pendant six jours mouillés devant Corfou, où ils furent témoins des opérations du siège, passèrent à bord d'une corvette turque de construction suédoise, pour être transportés à Patras, et de là conduits par terre à Constantinople. Le corsaire qui nous avait pris, Orouschs, mit en même temps à la voile pour Butrinto, où Ali pacha était campé, emmenant avec lui MM. Poitevin, Charbonnel, Bessières, etc... La corvette qui l'accosta lui demanda des nouvelles des prisonniers, et sa réponse fut qu'ils se portaient bien... *star allegramente*. Ceux-là seuls qui ont passé entre les mains des Barbaresques, peuvent savoir ce qu'ils appellent *star allegramente*, être en joie !.... c'est être réduit à ce qu'il faut pour traîner l'existence la plus malheureuse, ou n'avoir pas la tête tranchée !

La saison défavorable dans laquelle on entrait,

les vents contraires, et plus encore l'inhabileté et la poltronnerie des marins qui montaient la corvette turque, rendirent le voyage long et difficile. A peine une brume légère couvrait-elle la mer, on mettait en panne, dans la crainte de se jeter sur quelque écueil ; par la même raison, on se tenait à la cape dès qu'il faisait nuit. Cette dernière mesure était indispensable, car les Turcs renfermaient alors à fond de cale quelques esclaves maltais qui dirigeaient leurs manœuvres. Plus de vingt jours s'étaient ainsi écoulés, qu'on n'avait pas fait vingt-cinq lieues en bonne route, lorsqu'une tempête menaçante éclata. Les matelots turcs prétendirent qu'elle avait été occasionnée par les Français, auxquels ils avaient vu jeter à la mer quelques morceaux de papier, qu'ils présumaient être chargés de paroles magiques propres à soulever les vagues. Il fallut les soustraire à leur mauvaise humeur ; et les deux jours qui s'écoulèrent encore avant de jeter l'ancre devant Patras, ne se passèrent pas sans danger pour ces infortunés auxquels les Maltais, dans cette circonstance, prodiguèrent les consolations les plus touchantes.

Débarqués à Patras, où ils séjournèrent pour reprendre haleine, les Français furent pourvus de chevaux, avec lesquels ils se rendirent au château de Morée, bâti sur le cap Rhium. L'aga qui y commandait sortit d'un petit village situé à l'orient, pour leur fournir les moyens de passage, et ils traversèrent le golfe sur un volik, qui employa une demi-heure pour les porter du rivage de la Morée sur celui d'Albanie.

Le château d'Albanie, avant la guerre, n'existait pas au même lieu où on le voit aujourd'hui. Sa première position, plus rapprochée du passage des vaisseaux, avait un avantage réel sur l'emplacement actuel; mais, à quoi serviraient, au reste, ces moyens de défense, dans l'état où sont les fortifications chez les Turcs? Une corvette profitant d'un bon vent, franchirait les petites Dardanelles, chasserait les garnisons de leurs châteaux, et porterait l'épouvante dans tout le golfe de Corinthe. Ce point, cependant, serait d'une grande importance pour une autre nation que des Musulmans. On y préparerait des armemens considérables, il deviendrait un boulevard et un chantier très-avantageusement situés, à cause du voisinage des forêts d'Albanie. Qui peut dire ce qu'il serait entre les mains d'une puissance industrieuse? Quelques malheureux disdarlis, armés de bâtons, mourant de faim, couverts de haillons, forment la garnison des deux châteaux de la mer de Corinthe, qui ne subsistent plus que comme de vains fantômes, images d'une puissance qui, comme eux, s'écroule de toutes parts.

Arrivés sur le continent de l'Albanie, on loua

des chevaux à un village situé au nord du château, afin de conduire les prisonniers français à Enebechté ou Lépante. Ils suivirent, afin de s'y rendre, la plage aride de la mer, ayant, pendant trois heures de chemin, sur la gauche, des montagnes nues et d'un aspect sauvage, d'où tombent des torrens qui se brisent avec fracas. On voit çà et là des quartiers de roches qui se sont détachés des montagnes, et dont les masses, qui ont roulé dans la mer, dépassent le niveau des flots, ou sont couvertes de leur écume, quand le vent soulève les ondes avec impétuosité.

Arrivés à Lépante, les Français furent présentés au pacha Achmet, qui devint ensuite pacha de Morée. Il avait sous ses ordres son ancien kiaya ou lieutenant, qui était pacha à deux queues de Messa Longhi. Tous deux se sentaient de la modicité des revenus de leurs pachaliks; mais les prisonniers français ne s'en apperçurent pas, aux soins que ces seigneurs prirent d'eux. Tant qu'ils étaient restés à bord de la flotte, on ne s'était occupé que de les accabler de questions sur l'Egypte; mais auprès d'Achmet, ils trouvèrent des secours. Il leur permit d'abord d'aller au bain; et après ce premier acte nécessaire à leur santé, dans l'état malheureux où ils étaient réduits, il leur fit donner des capotes, et voulut qu'ils séjournassent pour se reposer. Comme on était en décembre, il ordonna qu'on les pourvût de bottes, afin qu'ils pussent commodément voyager jusqu'à Constantinople. Ces petites attentions étaient d'une importance bien majeure, au milieu d'un hiver comme celui qu'on sentit cette année, et dont la rigueur fut telle, que les habitans ne se souvenaient pas d'avoir éprouvé de semblables froids.

La ville de Lépante, que les Turcs nomment Enebechté, du nom de Naupacte qu'elle portait anciennement, est bâtie sur une montagne de forme pyramidale, sur laquelle elle s'élève en étages, et qui est couronnée par un petit château carré, décoré du nom de citadelle. Au nord, cette citadelle est dominée par des montagnes, du haut desquelles on peut facilement la réduire. On sait combien, avant l'usage de l'artillerie, cette ville coûta de peines aux Romains, pour l'arracher des mains des Etoliens. Lépante a une forme triangulaire, dont le château est le sommet, et elle ne couvre que la partie méridionale de la montagne. Environnée, dans cette étendue, d'une haute muraille crénelée, qui tombe en ruine dans quelques endroits, on trouve encore dans son intérieur quatre autres murailles qui la coupent transversalement, et qu'il faut passer avant d'arriver au sommet de la pyramide. Il y a deux portes, savoir, une à l'orient, et l'autre au couchant. La première s'ouvre dans la première enceinte, qui est la plus proche de la mer; la porte du couchant donne un débouché pour la seconde enceinte qui va en s'élevant. Le port est une miniature, et il aurait peine à recevoir des barques qui tireraient plus de quatre pieds d'eau : il arrive même que si on ne profite pas d'une sorte de remous qui se fait sentir dans le golfe, on reste parfois échoué dans la boue, qui ne tardera pas à le combler. Sa forme, aussi régulière que ses proportions, est celle d'un fer à cheval, et il est fermé par une chaîne du côté du golfe. La ville de Lépante a été fortifiée, comme on la voit aujourd'hui, par les Vénitiens, qui la possédèrent long-temps avant de se rendre maîtres de la Morée. Le pacha réside dans la première enceinte, près la mer. Son palais est à moitié ruiné, et peut-être, dans quelque temps, sera-t-il obligé de camper pour se mettre à l'abri des injures de l'air, ou afin de n'être pas écrasé sous les restes de cet édifice.

Dans le temps de guerre où nous nous trouvions, il y avait une garnison de cent cinquante Albanais, commandée par Ali, pacha de Messalonggi, et ces malheureux, comme toutes les troupes de l'Empire, paraissaient dans la plus profonde misère.

On compte à Lépante environ deux mille habitans, la plupart Grecs. Le commerce du golfe, excepté pour les exportations, dont j'ai fait mention en parlant de la Morée, étant peu de chose, on peut présumer quelle doit être la pauvreté de ses habitans.

Le pacha, outre le modique revenu de quelques timars, jouit de certaines rétributions sur le péage des barques qui naviguent dans cette mer. Il a, au reste, le titre pompeux de pacha à trois queues, qui est un fardeau de plus; car on peut dire que c'est le plus pauvre satrape de la Turquie. Depuis quelques années, les habitans de Lépante ont cultivé une branche de commerce qui présenterait par la suite de grands avantages, si elle était encouragée, au lieu d'être surchargée de droits : ils fabriquent des maroquins qui rivalisent, par la vivacité des couleurs, par le grain et la préparation, avec les plus beaux que l'Orient prépare. Mais il est vraisemblable que si l'on s'apperçoit de cet avantage, on ne tardera pas à les grever de taxes qui décourageront les fabricans, et feront déserter leurs ateliers.

La côte de la Morée, qui est vis-à-vis Lépante, offre une perspective agréable : on y découvre des villages pittoresques, qui se détachent au milieu des groupes d'oliviers qui couvrent les sites de cette partie.

Lépante est peut-être la seule cité moderne qui soit exactement bâtie sur les ruines d'une ville de l'antiquité. Sa situation au pied des montagnes qui l'abritent contre les vents du nord, rend sa température douce en hiver, et insupportable en été. Les montagnes, dans cette saison, étant échauffées par les rayons du soleil qui les pénètrent, renvoient une vapeur semblable à l'exhalaison d'une fournaise, qui embrase l'étroite enceinte de la ville. On y remarque alors beaucoup de maladies, à ce qu'on assure; ce qui fait que les habitans riches passent à Vostitza en Morée, où la température et les ombrages des vallons de l'Achaïe leur fournissent des retraites agréables, au milieu même des ardeurs de la canicule.

CHAPITRE IV.

SUITE. — DÉPART DE LÉPANTE. — ROUTE JUSQU'A SALONE; IDÉE DE CETTE VILLE.

Bien accueillis par le pacha, les deux prisonniers quittèrent la ville de Lépante pour se rendre à Salone sous l'escorte d'Ibrahim tchiaoux, lieutenant d'Orouschs, et deux autres galiondgis de son armement. Cet Ibrahim, dont j'ai parlé, et qu'on peut appeler la perle des écumeurs de mer, était un misérable vieilli dans l'habitude des dangers : quoiqu'à peine âgé de quarante ans, il en annonçait au delà de soixante. Sa figure maigre et hâve, les rides qui couvraient son front, et ses sourcils rapprochés formaient une voûte au dessus des orbites, au fond desquelles brillait un œil vif et plein de sang ; sa charpente osseuse, grosse, mais dépourvue de chair, en faisait un être rebutant à la vue, et sa bouche ne s'ouvrait que pour vomir des imprécations, ou pour demander de l'eau-de-vie. Sans foi, sans loi, ignorant le bien, accoutumé au mal, il s'y livrait sans remords, et élevait sa profession au dessus de toutes les autres. Il était né dans les déserts de l'Afrique, et il avait toute l'âpreté de ce climat sauvage. Ses camarades essayaient vainement de rivaliser avec lui : il les faisait trembler, et ne leur parlait jamais que le pistolet à la main, prétendant que c'était ainsi qu'il fallait commander à des corsaires.

Les Français, dans cette compagnie, sortirent de Lépante par la porte qui s'ouvre à l'orient. A un quart de lieue de la ville, ils arrivèrent au bord d'une rivière qu'ils passèrent à gué, quoiqu'elle fût assez grosse alors, à cause de la saison des pluies. On y trouve en tout temps de l'eau, et sa source n'est pourtant éloignée que de deux lieues; mais des fontaines nombreuses l'entretiennent, et servent à faire tourner quelques moulins qu'on y a bâtis. On voit, aux environs, de la culture, des arbres, des bouquets d'orangers et de citronniers, qui rendent ce lieu agréable.

On trouve aussi, sur le bord de cette rivière, des fabriques où l'on prépare des maroquins; et vers la mc ⸺ne, à peu de distance, des bouquets d'arbres, à l'ombre desquels on vient, en été, goûter le frais, et jouir de la vue de la mer. Le coteau, qui se prolonge à l'orient, est couvert de vignobles qui donnent le meilleur vin de ces contrées ; les habitans commencent à y planter et cultiver la vigne qui donne le raisin de Corinthe. Après avoir quitté cette rivière, les voyageurs suivirent, pendant une lieue et demie, la plage de la mer, dont l'aridité contraste singulièrement avec la côte de la Morée, qui est riante : à cette distance, ils commencèrent à entrer dans la montagne, et ils perdirent la vue du golfe. Rien n'indique qu'il y ait jamais eu de chemin dans ces montagnes, tant celui qu'ils suivaient était âpre et difficile. Cette partie de la Locride-Ozole[1] fut toujours regardée comme un pays âpre et peu cultivé ; et c'est de nos jours un des cantons le moins peuplé et le plus négligé. Quelquefois ils découvraient des forêts de pins, et ils traversèrent plusieurs vallons couverts d'arbres, où ils virent des troupeaux conduits par de pauvres Albanais. Leur costume, la coiffure de joncs qui leur couvrait la tête, la

---

[1] Les principales villes des Locriens-Ozoles ou Locriens-Puans, étaient Eupalion, Potidane, Tolophon, Amphisc, OEaute, etc., dont on ne retrouve plus de trace.

pannetière et la houlette qu'ils portaient, leur donnaient un ton étranger fait pour piquer la curiosité du voyageur. Ces bergers conduisent ordinairement les troupeaux du pacha, ou de quelque aga puissant; car tous les princes albanais, comme au temps d'Homère, font encore consister leurs principales richesses dans des troupeaux. Ces pasteurs reçoivent, pour prix de leurs peines, une portion déterminée de lait et de fromage, qui est à peu près du quinzième; on leur accorde, en outre, un certain nombre d'agneaux, qu'ils ont le droit de vendre ou d'élever avec ceux de leurs maîtres.

Après avoir marché cinq heures depuis Lépante, les voyageurs arrivèrent sur le revers des montagnes qui forment le côté occidental d'un beau vallon. Quoique l'hiver se fît sentir, ce lieu jouissait encore d'un peu de verdure, et il était couvert de beaux arbres et d'oliviers: on découvrait plusieurs villages qui fermaient son bassin au nord.

Ils apperçurent en même temps le golfe de Corinthe dans une grande partie de son étendue, ainsi que l'Isthme et ses hautes montagnes. Du lieu où ils se trouvaient, plusieurs torrens et des ruisseaux formés par des sources d'eau vive, coulaient à l'orient dans le vallon, vers lequel ils descendirent pendant une demi-lieue, en suivant une voie oblique qui paraissait fréquentée par les voyageurs qui se rendent de Lépante à Salone, sans qu'ils y remarquassent pourtant aucune trace de voie antique.

Le vallon où ils arrivèrent est formé par une chaîne de montagnes qui se dirige vers l'occident, sur laquelle vient s'en appuyer une seconde qui semble partir du nord; il se rétrécit ensuite vers l'orient. Après y avoir marché environ une heure, frappés du contraste charmant que ce lieu formait avec les sites agrestes qu'ils venaient de parcourir, ils s'arrêtèrent sous un groupe d'arbres pour laisser souffler leurs chevaux. Peu après, ils entrèrent à un village formé de trente maisons, où ils se reposèrent. Ne connaissant pas la langue du pays, où leurs guides étaient aussi étrangers qu'eux, les deux prisonniers ne purent que le noter, pour se souvenir de sa position. Ils y virent de belles femmes, et des paysans d'une taille avantageuse qui paraissaient jouir d'une certaine aisance, et d'un ton de santé qui permettait de juger de la bonté du pays, et de la liberté dans laquelle ils vivaient.

En quittant ce hameau, ils suivirent encore le vallon qui allait toujours en se rétrécissant, et au bout d'une demi-heure, ils arrivèrent au pied d'une montagne. Ils employèrent plus de trois quarts d'heure à gravir l'inégalité de sa pente, qui était couverte de bois et de forêts de sapins, lorsque, parvenus à son sommet, ils découvrirent Salone.

Il leur fallut une demi-heure pour descendre le revers de la montagne, par un chemin tracé en sinuosités, à cause de la rapidité de sa pente.

La plaine qu'ils parcoururent, avant d'arriver à Salone, était connue dans l'antiquité sous le nom de plaine de Crissa, à cause d'une ville de ce nom bâtie sur le rivage de la mer, au lieu même où le vallon s'ouvre du côté du Péloponèse. Aujourd'hui elle est toute entière en culture, et semble faire partie d'un pays civilisé; on n'y remarque point de ruines, ni de ces signes qui attestent la barbarie ou la fureur des guerres; mais par-tout des champs labourés, ou qui recevaient les soins de l'agriculture; de belles prairies où paissent des chevaux, des oliviers sans nombre qui sont les plus gros de la Grèce, des sites rians, des ruisseaux qui portent l'abondance, et des fermes éparses; enfin, des couleurs qui disent que, dans l'antiquité comme aujourd'hui, les campagnes de Crissa furent dignes d'avoisiner le séjour des Muses, et d'être l'asile du bonheur. Pendant deux heures que les voyageurs y marchèrent, ils furent occupés à contempler la beauté de ce pays nouveau. Arrivés à Salone, on les présenta au bey qui gouvernait cette ville. C'était un homme puissant qui rendait heureux ses vassaux dont il était le compatriote, l'ami et le défenseur auprès du pacha de Ianina, duquel il relève. Environné d'une nombreuse famille, d'enfans et de parens, il ne ressemblait en rien pour l'avidité, aux magistrats que la Porte Othomane n'envoie que pour le malheur des provinces dont elle leur confie le gouvernement. Enfin, ce seigneur avait près de lui un médecin grec fort instruit, qui était son ami, son conseil, l'homme chargé de le soigner dans ses maladies, et son drogman, qui accueillit avec aménité les Français que les Barbaresques présentaient à son maître. Il les mit au fait de ce qu'il y avait de plus curieux dans le pays, et leur parla de la route qu'ils allaient parcourir, en leur retraçant les souvenirs de l'antiquité, en leur donnant des distances et des points de reconnaissance pour fixer leurs idées.

La ville de Salone qui est vraisemblablement l'ancienne Amphysse, capitale des Locriens-Ozoles, est située à l'extrémité septentrionale d'une vallée, et adossée au mont Parnasse, dont les rochers lui servent de fond, et contrastent avec la fraîcheur et la verdure de son vallon. Ses maisons peintes de diverses couleurs, entourées de jardins, où s'élèvent des arbres vigoureux, offrent une vue agréable et variée. On trouve dans son enceinte des bains commodes et spacieux, des fabriques d'alagias et de maroquins qui, avec les huiles, font la partie la plus considérable de son commerce. Il subsiste encore de l'antique ville d'Amphysse quelques tours d'une citadelle bâtie sur des rochers escarpés, d'où tombe un ruisseau qui serpente dans la plaine, et va se jeter dans le golfe de Lépante. Il n'y a autour de la ville moderne, ni fossés, ni murailles, et l'attachement des habitans pour leur chef serait sa seule défense, si jamais elle était menacée.

De Salone on voit Castri, qui a remplacé l'ancienne ville de Delphes ; ce village (car on ne peut lui donner un autre nom) est bâti dans le mont Parnasse, au lieu même où les peuples de toute la Grèce accouraient pour consulter l'oracle d'Apollon, et sa position prête aux écarts de l'imagination. Le double sommet du Parnasse, dominé par une haute montagne couverte de neige, nommée Liacoura, rappelle les fables et les allégories de l'antiquité. La fontaine Castalienne, la pureté de l'air de ces lieux, un ton inconnu élèvent l'ame et frappent l'imagination. C'est à Castri que se trouvent les restes d'un stade de près de six cents pieds de long, qu'Hérode Atticus avait fait revêtir de marbre du Pentélique, et dont une partie des sièges sont encore subsistans ; c'est là où l'on voit des inscriptions qui couvrent des pans entiers de murs, ou des marbres épars qui les offrent tantôt au milieu des décombres, et tantôt sur des ruines isolées ; c'est là où l'on remarque l'emplacement du temple d'Apollon, l'antre où était placé le trépied inspirateur ; et on ne s'éloigne qu'à regret de tant d'objets curieux pour aller se reposer au couvent de Saint-Hélie, situé à l'orient de Castri.

En s'élevant vers la double cime, on trouve, un quart de lieue au dessus de Delphes, un plateau fertile, et, du pied des rochers qui le couronnent à l'occident, on voit sortir avec impétuosité une eau limpide et froide qui fuit en murmurant. Elle inonderait cette plaine et en formerait bientôt un lac, si elle ne trouvait à s'échapper par une ouverture souterraine, pour reparaître ensuite dans l'antre Corycius, où elle forme une cascade bruyante. Elle y donne aussi naissance au fleuve Plystus, qui, roulant dans un ravin profond, au milieu d'une vallée où la vue s'égare, va séparer le Parnasse de la montagne voisine qui est le Cirphis. Arrivé au sommet des masses aériennes du Parnasse, le voyageur découvre sous ses pieds la vallée délicieuse d'Amphysse, les montagnes de Corinthe, et les flots azurés de son golfe qui roulent jusqu'à Galascidi ou Galaxidi.

Cette ville moderne, qui a remplacé Cirrha, est l'échelle principale de la Locride et de la Phocide, comme elle le fut autrefois. Sa distance de Salone, qui est de trois lieues et demie, sa situation voisine de la rive gauche du fleuve qui baigne ses murs, ne peuvent laisser de doute que Galascidi ne soit bâtie sur les ruines de Cirrha. Si on examine ce que dit Pausanias, et que l'on compare le rapport de ses distances avec Delphes, on verra qu'elle ne peut être prise pour Crissa, comme quelques voyageurs modernes l'ont avancé; d'ailleurs, à l'orient de la rivière de Salone, il existe un village appelé Krisso, dont le relevé, fait avec exactitude, applanirait le reste des difficultés qui divisent encore les antiquaires.

A l'orient du mont Parnasse, on trouve les ruines de Daulis, hameau désolé qui domine la patrie de Plutarque de Chéronée. Sur la droite, en descendant, on voit le chemin de Livadie (l'ancienne Lébadée) et celui d'Athènes. On passe entre l'Hélicon et le Parnasse pour se rendre en cette ville si célèbre autrefois, et le voyageur peut fréquenter cette route sans aucune crainte.

CHAPITRE V.

SUITE. — DÉPART DE SALONE. — ITINÉRAIRE JUSQU'AUX THERMOPYLES. — LEUR DESCRIPTION. — ROUTE JUSQU'A ZEITOUN. — IDÉE DE CETTE VILLE.

Les prisonniers un peu délassés montèrent à cheval de grand matin, et quittèrent Salone pour se rendre à Zeitoun, ville éloignée d'environ quatorze lieues.

Après avoir traversé la partie de la plaine qui s'étend depuis l'ancienne Amphysse jusqu'aux montagnes, ils longèrent pendant trois heures de chemin le Parnasse, qui leur fermait l'horizon à l'est, sans cesser d'avoir la vue des prairies qui se prolongent sur la gauche du voyageur. Au bout de ce temps, ils arrivèrent sur les bords du Céphise, qui, du Pinde où il prend sa source, va se décharger dans le lac Copaïs en Béotie. A l'endroit où ils passèrent ce fleuve à gué, il ne pouvait guères être regardé que comme un torrent. Ils trouvèrent sur la rive gauche un village de quarante maisons, bâti un peu au dessus du confluent d'une rivière qui vient du midi se jeter dans le Céphise.

Ce hameau, en examinant les cartes de M. Barbié du Bocage, pourrait bien être situé sur les ruines de l'ancienne Pédiées [1]. Les voyageurs firent halte en cet endroit, pour déjeuner et se reposer.

Il se trouve aux environs de ce village, voisin du Céphise, une infinité de hauts figuiers, dont les fruits font le principal commerce des habitans, qui les exportent jusque dans les échelles voisines.

La vallée que baigne le Céphise, dont le cours est de l'ouest à l'est, est couverte de prairies et

---

[1] Pédiées, village de la Phocide mentionné par Hérodote; il était sur la route que tint Xerxès pour entrer dans la Grèce.

de culture. Elle renferme une multitude de champs de blé, de coton, et de tabac, dont les habitans aiment singulièrement la culture, qui paraît cependant nuire à leur santé, ainsi que quelques champs de pavots blancs dont on retire l'opium.

La rive droite du fleuve, dans les vallées que le Parnasse dessine de ce côté, où plusieurs de ses contre-forts viennent aboutir, est couverte de vignobles. Le mont Oëta ou Coumaïta [1], qui la termine au nord, est orné de hautes-futaies dans la région voisine des vallées, tandis que ses sommets, qu'on apperçoit dans la moyenne région de l'air, sont âpres et dépouillés de terre végétale. Après s'être rafraîchis au village que je crois être Pédiées, les prisonniers reprirent leur route. A une demi-heure de là, ils suivirent une chaîne du mont Oëta, dont la direction était nord-est et sud-ouest, et, pendant une heure, ils ne virent qu'un terrain aride et inculte. Au bout de ce temps, ils se trouvèrent au pied d'une autre montagne, qu'ils gravirent pendant une demi-heure : arrivés à son sommet, ils découvrirent la mer, et l'île de Négrepont [2], qui est l'ancienne Eubée.

---

[1] Les modernes surnomment ainsi le mont Oëta, qu'ils désignent également sous le titre générique de Vouni, ou montagne.

[2] Les Turcs l'appellent encore Egribos.

Ils prolongèrent cette montagne au nord, pour la descendre, et, à l'aspect des lieux décrits par tous les historiens, et par quelques voyageurs, ils comprirent qu'ils approchaient des Thermopyles..... Des Thermopyles!.... Le cœur s'émeut, et l'imagination s'enflamme à ce nom! Le souvenir du trépas de Léonidas et des siens est présent à la pensée, et ce souvenir fait la plus profonde impression. Quelle ame généreuse et sensible ne s'attendrit en effet au seul récit de leur dévouement? Que ne rappelle-t-il pas, sur-tout à des Français, qui, dans cette guerre même, ont été témoins de tant d'actes sublimes, qui éclipseront la gloire des siècles héroïques?

Un autre sentiment, des pensées différentes agitaient l'esprit des Barbaresques qui escortaient les prisonniers. Ibrahim tchiaoux, qui sans doute avait pris des renseignemens à Salone sur la sûreté des routes, commença à mettre ses pistolets en état, ainsi qu'un énorme fusil qu'il portait. Comme un des prisonniers lui en demandait la raison, « c'est que, dit-il, en ce passage il y a des » gens comme moi, des corsaires de terre qui dé- » pouillent les voyageurs. » En effet, les Thermopyles ne sont plus qu'un coupe-gorge, où il ne serait pas trop sûr de venir méditer sur les grands événemens des siècles.

Après être descendus dans le lit du Boagrius,

qu'ils passèrent à gué, les voyageurs trouvèrent une plage raboteuse et semée de monticules. Quelques torrens qui tombent du col des montagnes, où ils prennent naissance, coupent l'espèce de chaussée sur laquelle ils marchèrent jusqu'au bord de la mer.

Ils dirigèrent alors au nord, où l'espace compris entre la pointe la plus orientale de la montagne et le rivage, est de près de vingt toises, à cause des attérissemens que la mer a faits en cet endroit. Quelques tas de pierres que l'on voit au delà passent, dans la tradition des habitans, pour être les tombeaux des Spartiates; et le médecin grec de Salone n'avait pas manqué d'indiquer cette particularité à nos deux voyageurs. Les eaux thermales se trouvent en ce même endroit.

Ce poste, qui était le boulevard de la Grèce, ne serait important de nos jours qu'en s'assurant des défilés voisins, par lesquels un ennemi peut toujours tourner un poste établi aux Thermopyles.

Le Phénix, l'Asopus, le Mélas, le Dyrus, ces rivières illustrées par l'antiquité, ne sont que des torrens qui ne pourraient pas, au moyen de quelques précautions, retarder la marche de l'artillerie d'une armée qui voudrait pénétrer dans l'Attique. Le voyageur les traverse même de nos jours sans se douter de leur existence, qui n'est effectivement sensible que dans les temps de pluie. D'immenses marais, formés par les eaux des montagnes, sont tout ce que la plage offre de digne de remarque, jusqu'aux bords du Sperchius.

Ce fleuve profond coulait à plein canal entre deux rives bordées de lauriers roses, et les voyageurs le traversèrent sur un pont de pierre consistant en quatre ou cinq arches. De ce lieu à la mer, où le Sperchius va se jeter, la distance est peu considérable, et il forme, avant de s'y perdre, une sorte d'étang sur la rive gauche. On ne voit ni sur ses bords, ni dans cet espace, aucuns villages, ni aucunes traces d'habitation. Les Thermopyles, les roches Trachyniennes ne sont le séjour que des chèvres sauvages, et le poste momentané des brigands qui s'embusquent dans quelque cavité, pour attendre le voyageur sur lequel ils fondent, afin de le dépouiller.

Dès qu'on a touché la rive gauche du Sperchius, on apperçoit le sommet le plus élevé du mont Oëta, sur lequel on prétend qu'Hercule, saisi de cette fièvre brûlante qui égarait ses sens, éleva le bûcher dans lequel il se précipita, comme s'il eût voulu rendre la Grèce entière témoin de son trépas.

Des bords du Sperchius à Zeitoun, on compte quatre lieues, qu'on peut faire, à cheval, en deux heures de temps.

Une nouvelle nature s'offre aux yeux du voyageur, dès qu'il a mis le pied dans la Thessalie. Il est frappé de la beauté et de la multitude des lauriers dont le parfum imprègne les airs ; des forêts d'oliviers francs, d'une expansion magnifique, forment de vastes rideaux qui se marient aux perspectives des montagnes et des coteaux, pendant que, voisin encore de la plage, il voit en même temps la mer rouler ses ondes flexibles vers l'Eubée et l'Aulide, et les pointes des montagnes se perdre au dessus des nuages, vers l'horizon éloigné de la Macédoine.

Cependant, au milieu d'une contrée aussi riche et aussi belle, on ne trouve point, jusqu'à Zeitoun, de villages, ni d'habitations. Ces lieux agréables ne sont visités que par des bergers qui y conduisent leurs troupeaux, et qui dressent leurs tentes sous les groupes d'arbres, ou bien au sommet des tertres voisins des ruisseaux. La blancheur de la laine des brebis, qu'on n'entasse pas dans des bergeries couvertes, mais que les Thessaliens parquent en plein air, forme des nuances qui tranchent sur la verdure des prés et des collines. Les seuls habitans naturels de ces bocages sont les daims, les chevreuils, les cerfs et les sangliers ; dans l'hiver, on les voit couverts d'outardes, de pluviers, et d'une variété infinie d'oiseaux amis des températures froides.

En approchant de Zeitoun, à une lieue environ, on commence à trouver de la culture, des champs de tabac, et une multitude prodigieuse de figuiers et de vignobles : des montagnes au nord continuent de fermer l'horizon dans le lointain.

En arrivant à Zeitoun, les prisonniers furent conduits chez le bey, auquel les corsaires ne faisaient cette galanterie qu'afin d'en obtenir un baxis, ou pourboire, et il les reçut d'une manière assez brusque. Il était couché sur une cassette qui renfermait son trésor, et il vivait dans des transes pires cent fois que celles d'Harpagon; car, outre la crainte des voleurs et celle de ses domestiques, il avait encore à redouter le sabre du pacha de Ianina, dont il relève, ou le cordon impérial. Aussi ce pauvre bey avait-il la physionomie de l'homme le plus malheureux qui fût au monde.

La ville de Zeitoun n'est point, comme l'ont écrit quelques voyageurs, une place maritime de la Thessalie, quoiqu'elle donne son nom au golfe Maliaque. Ce sont ses foires annuelles, le commerce considérable qu'elle fait, qui lui ont valu ce titre. Elle est bâtie sur un monticule, à l'est duquel coule une petite rivière qui va se jeter dans la mer, qui est éloignée d'une lieue et demie. Sans murailles, sans défense, elle n'a spécialement de remarquable qu'une grande mosquée, qu'on voit long-temps avant d'y arriver.

Tout porte à croire que Zeitoun est la ville de Lamia, connue dans l'antiquité. Sa distance du Sperchius, qui est d'environ quatre heures, celle de la mer, qui est d'une lieue et demie, enfin la petite rivière qui coule à l'orient, et qui doit être l'Achéloüs, ne laissent pas d'incertitude sur cette assertion.

On ne trouve dans Zeitoun ni ruines, ni monumens; mais dans le temps des foires, un concours prodigieux d'habitans de toutes les parties de la Grèce, qui viennent y vendre leurs denrées et y acheter des draps [1], de l'indigo et d'autres objets que l'Europe importe dans la Turquie. On démontrerait difficilement pourquoi on préfère ce comptoir à Larisse et à Volo sur-tout, qui est une place maritime; mais telle est l'habitude, ou plutôt c'est la nature qui a placé Zeitoun à l'extrémité d'une plaine fertile, au fond d'un golfe tranquille, dans le voisinage de l'Eubée, qui en a voulu faire un rendez-vous commercial. Larisse est trop tumultueuse; c'est une grande ville : les sultans s'y rendaient autrefois, et des négocians n'auraient pas voulu compromettre leur fortune en venant trafiquer dans un lieu où la présence de la cour pouvait leur susciter mille avanies. Volo a été aussi, pendant long-temps, une place de guerre; et le commerce n'aime pas le fracas des armes. Ces raisons ont donc pu décider les marchands en faveur de Zeitoun, dans des temps

---

[1] Voyez le Tableau du Commerce de la Grèce, par M. Beaujour.

reculés, et l'habitude chez un peuple attaché aux usages qu'il trouve établis, aura consacré ce qui existait.

Le sangiak de Zeitoun est d'un produit excellent, et les droits y sont considérables, à cause de la quantité des marchandises qui s'y vendent et s'y achètent. La population, que l'on évalue à 4,000 habitans, est en grande partie composée de Grecs. Il s'y trouve quelques Arméniens, parce qu'il y en a en Turquie, par-tout où des spéculations commerciales se présentent ; et les Juifs y sont nombreux. Aucune puissance européenne n'entretient d'agens commerciaux dans cette place, dont les affaires contentieuses pourraient être portées à la chambre des agens commerciaux de Salonique.

Les Français, ainsi que leurs conducteurs, passèrent cette nuit chez le bey, qui les logea dans une galerie. M. Beauvais, qui était excédé de fatigue, fut pris d'une fièvre violente dont les symptômes s'aggravèrent tellement, que les Barbaresques convinrent de lui trancher la tête, s'il ne se trouvait pas dans le cas de continuer sa route le lendemain. Heureusement que l'un d'entre eux, Ali tchiaoux, quoique Barbare, favorisa la sueur en le couvrant de son manteau ; et comme le malade avait entendu la délibération, il ne se fit pas prier deux fois pour monter à cheval le lendemain, lorsqu'il fut question de partir.

CHAPITRE VI.

SUITE DE L'ITINÉRAIRE. — ROUTE DE ZEITOUN A PHARSALE. — IDÉE DE CETTE VILLE.

Les voyageurs prisonniers venaient de quitter les Thermopyles ; ils avaient vu l'Eubée, les rivages célèbres de l'Aulide, le golfe Maliaque, et ils s'avançaient au milieu d'un pays qui n'était ni moins fameux, ni moins important, par les grandes actions dont il fut le théâtre. Ils allaient traverser la Thessalie, et déjà les campagnes romantiques peintes par Apulée, se développaient devant eux.

Des bords de l'Achéloüs [1], où ils avaient passé la nuit dans la maison de l'aga de Zeitoun, ils firent route pour Pharsale, éloignée de près de six lieues. Ils marchèrent encore dans la plaine qu'ils avaient parcourue la veille, depuis le Sperchius ; et à une lieue de la ville qu'ils quittaient, ils entrèrent dans un dervin. Ce dervin ou défilé s'ouvre dans une vallée inégalement coupée par des

---

[1] L'Achéloüs : il y avait plusieurs fleuves de ce nom dans la Grèce ; celui qui est le plus connu dans l'antiquité, s'appelle aujourd'hui Aspropotamos. *Vid.* tom. II, part. II.

torrens qui se précipitent des montagnes, et il est remarquable par l'inégalité de son terrain. Ils y voyagèrent pendant quatre heures entières, avec des fatigues incroyables, se trouvant quelquefois obligés de marcher à la file, dans des gorges profondes.

Ils débouchèrent, au bout de ce temps, dans une plaine immense qui s'étend au nord, et ils apperçurent plusieurs villages disséminés dans cette direction. Des bouquets d'oliviers et d'arbres interrompaient la monotonie d'un niveau trop régulier, qui se perd pour ainsi dire dans l'horizon.

Les surgis ou loueurs de chevaux, qui les conduisaient, firent entendre aux Français que cette plaine était celle de Pharsale, et qu'il s'était autrefois donné un grand combat sur les lieux mêmes qu'ils parcouraient : ils leur dirent en même temps que la petite ville de Pharsa était vers le midi, à une lieue de l'entrée des gorges d'où ils sortaient, et ils y guidèrent leurs pas.

Tournant donc sur la droite, ils longèrent la plaine, qui est coupée par de nombreux torrens, cause principale de sa fertilité ; et après avoir vu plusieurs villages dans cet espace, ils entrèrent à Pharsale. Du coteau sur lequel est bâtie la ville moderne de Pharsale, l'œil embrasse les champs trop fameux de la Thessalie, où la fortune mit les lois aux pieds de César. On distingue, d'après Lucain, l'emplacement des deux camps ; et on est encore étonné comment le sage Pompée, maître de la position la plus avantageuse, laissa échapper une victoire assurée. Si on se représente le choc des armées au moment où elles s'ébranlèrent, on peut comprendre les stratagêmes des chefs!... On voit les défilés qui bientôt ne purent plus suffire pour contenir les fuyards et ceux qui les poursuivaient; et on ne peut porter ses regards au midi, sans voir la plage où Pompée trouva une barque avec laquelle il se confia aux mers, qui ne purent le dérober aux arrêts du destin.

O deuil à jamais mémorable de cette journée, qui vit Rome se déchirer par ses propres mains! L'étranger qui visitera Pharsale, ne pourra s'empêcher de frémir à ton souvenir! Mais aujourd'hui, dans ces champs ensanglantés, où les ombres des guerriers errent peut-être encore, on n'apperçoit plus aucunes traces des fureurs de la guerre. Pharsale semble avoir réuni l'industrie de la Thessalie entière. Sa plaine est couverte d'une culture variée. Des villages nombreux s'élèvent sur les collines qui l'environnent, et la ville même de Pharsale n'est pas d'une moindre importance que le territoire fertile qui l'avoisine.

Bâtie sur le revers oriental d'un coteau qui fait partie du mont Pras [1], elle est riche du double

---

[1] Voyez le Tableau du Commerce de la Grèce, par M. Beaujour.

avantage d'une population qui s'élève au dessus de cinq mille habitans, et d'un commerce considérable. Elle entretient des relations avec Zeitoun, Volo et Larisse, où ses négocians vendent une grande quantité de coton en rame et de coton filé, de tabac et de laines.

Les prisonniers descendirent chez le bey qui gouverne Pharsale, et passèrent la nuit dans sa maison. Comme ils eurent peu de rapport avec lui, ils jouirent d'assez de tranquillité. Les Barbaresques ne paraissaient pas contens de cette indifférence, qui ne leur rapportait pas le pourboire accoutumé, qu'ils sollicitaient avec importunité de tous les Turcs en place chez lesquels ils se présentaient.

CHAPITRE VII.

PLAINE DE PHARSALE. — ROUTE JUSQU'A LARISSE. — — IDÉE DE CETTE VILLE. — REVUE DES TROUPES PARTANT POUR WIDIN.

Le mont Narthécion, que les habitans de la Thessalie ne connaissent plus sous ce nom, est le point d'où l'on peut partir pour mesurer la plaine de Pharsale, qui mériterait plutôt d'être appelée vallon de la Salembria ou Pénée. Qu'on se représente en effet ce fleuve sortant des monts Liacmon, proche le pays des Sagoriates en Albanie, coulant d'abord au midi, puis à l'orient, enfin au nord-est, où il se jette dans la mer; qu'on pense ensuite à l'étendue de son cours, qui embrasse plus de soixante-dix lieues en ligne droite, entre des montagnes d'où tombent une infinité de rivières et de ruisseaux, on aura une idée de sa force et de la fertilité du pays qu'il baigne; car, dans ces pays, la culture prospère par-tout où il y a des rivières.

Du côté du mont Narthécion, s'étendent de vastes forêts, que les Thessaliens visitent parfois pour chasser les bêtes fauves qu'elles renferment. Ces peuples méritent leur réputation pour la beauté des formes, et leurs femmes seraient encore des enchanteresses, si leurs graces naturelles étaient relevées par les heureux talens de l'éducation. Une autre Olympie pourrait en être jalouse; mais elle dirait, en les voyant, que les charmes dont elles se servent sont dans leurs yeux. Je reviens aux prisonniers.

Il leur restait six lieues à faire pour se rendre de Pharsale à Larisse, où ils devaient coucher: ainsi la journée n'était pas forte. Le temps était favorable pour se livrer à l'observation, si les tchiaoux qui les escortaient ne les eussent tourmentés, en les faisant arrêter où il ne fallait pas, et en précipitant leur marche quand ils auraient pu recueillir quelque chose de curieux.

En quittant Pharsale, où ils avaient passé la nuit, ils marchèrent d'abord dans une belle plaine semée de petites collines, où ils n'apperçurent ni les ruines du temple de Thétis, qui dut exister sur la route de Larisse, ni celles de la ville de Phthia, patrie d'Achille, dont le nom est encore révéré, dit-on, parmi les peuples de ces lieux. Après deux heures et demie de marche, à une demi-lieue d'un village ruiné, ils passèrent sur un pont de trois arches, une rivière [1] assez considérable qui coule du midi au nord, et va se jeter dans la Salembria, au dessus de Larisse.

Cette dernière ville, ses environs, mériteraient une topographie particulière, qui jeterait un grand jour sur l'histoire ancienne; elle serait d'autant plus facile à exécuter, que les matériaux en existent dans les rivières et dans la nature, qui n'a pas changé. Les traditions qu'on examinerait sont plus sûres, moins chargées de variétés parmi ses habitans, qui semblent connaître la mythologie et l'histoire. On trouve d'ailleurs des ruines, et l'on est moins surveillé, moins gêné qu'ailleurs dans les recherches dont on voudrait s'occuper.

---

[1] Rivière qui s'appelait, dans l'antiquité, *Apidanus*: après avoir reçu l'Enipée, elle se jette dans le Pénée, un peu au dessus de Larisse.

On peut considérer Larisse comme une des villes les plus importantes de l'empire othoman, tant à cause de sa situation et de l'étendue de son commerce, que de sa population, qui est de plus de vingt mille habitans. Elle est ordinairement régie par un mousselim, dont le territoire est de trois cents lieues carrées. Ali, pacha de Ianina, qui, par ses armes et par sa politique, gouverne toute la Thessalie, l'a rendu son suffragant, et cet illustre vassal s'enorgueillit de ses fers : au moyen de la protection puissante de son prince, il s'affranchit d'une partie des égards qu'il doit à la Porte Othomane.

Dans cette ville, les Turcs ont vingt-deux mosquées, des bazars, et des bezestins.

Un archevêque, dont les mœurs étaient recommandables, y gouvernait alors l'église grecque. Moine du mont Athos, il était descendu de sa retraite pour venir occuper le siège de Larisse ; on vantait généralement sa science dans les matières saintes ; on parlait également de l'aménité de son caractère et de ses vertus évangéliques.

Indépendamment du mousselim, un pacha commandait à Larisse au moment où les prisonniers y arrivèrent. Il était occupé de la levée militaire des Musulmans, qui était d'un homme sur six, à cause de la guerre dans laquelle les Turcs se trouvaient engagés, car cette levée n'est ordinairement que d'un dixième : ils assistèrent à la revue des troupes qui se mettaient en route pour Widin.

Le redoutable Passewend-Oglou, dont on a tant de fois parlé, et dont on a toujours exagéré les vues, qui se bornent à rester chez lui, venait de relever ses étendards que la victoire n'a point abandonnés. Il avait appelé les Macédoniens, toujours avides de combats et de dangers, et il fallait opposer une digue à ce torrent. Mais quels hommes allait-on mettre aux prises avec des peuples féroces et nourris dans les dangers? Des enfans, des vieillards, des misérables prêts à embrasser le parti du pacha de Widin, telle était l'armée qui sortait de Larisse, pour sauver l'empire et foudroyer la rebellion.

A sa tête se trouvait un général sans expérience, qui, peu d'années auparavant, était donneur de café au service d'un aga. Il n'en recevait pas moins d'honneurs pour cela, et il les méritait, car il représentait parfaitement, et faisait profession des plus purs sentimens d'équité. Il connaissait le poids de l'emploi redoutable dont on l'avait chargé, et il craignait pour sa vie, si le succès ne répondait pas à ce qu'on exigeait de lui.

Les Français lui furent présentés par les Barbaresques, qui, selon leur coutume, tendirent la main pour recevoir l'aumône. Il accueillit les prisonniers avec aménité, et les fit loger dans le khan, qui est le pied à terre ordinaire des voyageurs; en sorte que, cette fois, ils ne furent pas traités en esclaves; et on doit observer que les grands de l'empire, lorsqu'on les approche, en agissent toujours d'une manière généreuse. Le soir, il leur fit porter des vêtemens, et il eut l'attention de leur envoyer les meilleurs mets de sa table. Un Grec, élevé dans l'Europe civilisée, parlant français, vint aussi visiter les prisonniers; il essayait de les consoler: ils étaient charmés de trouver un être sensible auquel ils pussent parler sans nuages; (car, la plupart du temps, ils ne s'entendaient pas avec leurs conducteurs, même au moyen du barbaresque) il leur manifestait les sentimens les plus affectueux, il les avait servis auprès du pacha; il aurait pu adoucir leur sort; mais les misérables corsaires commencèrent à soupçonner ses bonnes intentions, et comme ils craignaient que leurs infamies ne fussent dévoilées, ils chassèrent cet homme humain et bon, en l'accablant d'injures, et en le menaçant des plus honteux traitemens.

Depuis Lépante, les prisonniers n'avaient pas goûté autant de tranquillité qu'ils en trouvèrent à Larisse. Un khan, qui ne ressemblait en rien à ceux qu'on trouve d'ordinaire en Turquie, divisé par chambres meublées de sophas, était une chose vraiment délicieuse. Ils eurent la permission d'aller au bain, et cet avantage, disons mieux, ces attentions, ramenèrent l'espérance au fond de leur cœur. Quant aux corsaires, ils semblaient impatiens de quitter une ville où il n'y avait rien à voler, ni personne à vexer, et dont le pacha les avait fort mal accueillis.

CHAPITRE VIII.

SUITE DE L'ITINÉRAIRE DES PRISONNIERS. — DÉPART DE LARISSE. — COUCHÉE A PLATAMONA. — ROUTE JUSQU'A CATHARINA.

En sortant de Larisse, on marche pendant une heure dans une plaine couverte de lauriers, coupée de champs de coton, de tabac, et de pâturages frais. On voit un lac, et on descend ensuite dans un vallon que les Grecs modernes appellent Lycostomos, (Λυκόστομος) la gueule du loup, et que les anciens révéraient sous le nom de Tempé. A cause des inondations de la Salembria ou Pénée, les prisonniers traversèrent ce fleuve vis-à-vis de Larisse, sur un pont qui se trouve en cet endroit, et continuèrent de s'avancer, ayant le Pénée sur la droite, jusqu'au bord d'une rivière, grossie par les pluies, qui coulait du nord, où peut-être elle prend sa source, et vient se jeter dans le Pénée. A une demi-lieue de là, ils entrèrent dans le vallon de Tempé, qui va, en s'élargissant, jusqu'à la mer. La nature a décoré avec pompe cette vallée romantique, dans laquelle on retrouve les ombrages, les fleuves et les ruisseaux chantés par les poëtes... Mais que le voyageur ne vienne point y chercher les tableaux de la vie pastorale que les favoris des Muses nous ont tracés; les bosquets de Tempé, émaillés de fleurs, ses pâturages toujours verts, ne sont plus peuplés par les cavales bondissantes de la Thessalie; les pasteurs bulgares sont les seuls mortels qui se rendent dans ces beaux lieux pour y guider leurs troupeaux.

En été, on suit la plaine de Larisse, et on passe sur un pont de pierre [1], non loin de son embouchure, le Pénée, qui coule au milieu du vallon. Ce fleuve est encore, comme dans l'antiquité, un des plus beaux de la Thessalie: ses eaux limpides et légères sont salutaires et agréables; mais on ne voit point nager à leur surface le bitume dont quelques auteurs ont parlé.

Pour former le vallon de Tempé, les montagnes qui dessinent son bassin se rapprochent, et vont en se rétrécissant, pendant deux heures et demie de chemin, vers le nord. Après avoir quitté cette solitude charmante, les prisonniers suivi-

---

[1] Ce dernier passage, où il se trouve un pont, est aux environs des anciennes villes de Gommus et d'Homolis, dont on chercherait inutilement les ruines.

rent les gorges du mont Olympe pendant quatre heures, et vinrent terminer leur journée à un village appelé Platamona.

Comme il était nuit lorsqu'ils arrivèrent en cet endroit, les habitans prenant sans doute ceux qui leur demandaient l'hospitalité pour des voleurs, refusèrent d'ouvrir leurs maisons. Les Barbaresques, peu disposés à passer une nuit du mois de janvier en plein air, résolurent d'enfoncer une porte. Ils donnèrent, au hasard, la préférence à celle du géronte ou codja-bachi de l'endroit. Qu'on juge de la joie des corsaires qui commencèrent à le traiter suivant leurs usages! Ce malheureux, qui peut-être aurait préféré une visite des haïdouts [1] à celle de semblables voyageurs, s'empressa de s'en débarrasser, en les conduisant dans une maison qui s'ouvrit à sa réquisition. Mais, bon Dieu! quel gîte était-ce pour des hommes fatigués et transis de froid? Il fallut grimper dans un grenier où il n'y avait pas une poignée de paille; et, ni les promesses, ni les menaces ne produisirent aucun effet pour obtenir quelque adoucissement. Un tchiaoux, qui voulait souper, sortit armé comme pour une expédition, en jurant sa parole de corsaire qu'il trouverait ce qu'il fallait pour manger, ou qu'on ne le reverrait plus. En effet, il revint bientôt avec des poules, du pain de maïs, de la

---

[1] Haïdouts, ou brigands qui infestent la Roumilie.

farine, du vin, du beurre, des olives, et il se mit à préparer le souper. Il plaisanta beaucoup ses camarades, ainsi que les surgis albanais, sur leur résignation à passer la nuit sans manger, dans un pays habité par des Grecs qui doivent respect et obéissance aux Musulmans. Le souper, comme on l'imagine, fut trouvé excellent : on le mangea avec avidité, chacun buvant à la ronde dans un broc de vin qui circulait de main en main. On fuma ensuite ; car il n'y aurait pas de fête complète, si cette sensualité orientale ne la terminait.

Sans avoir le temps d'examiner le village, sans prendre congé du géronte qui, le soir, reçut sur les épaules quelques coups de fouet de la part d'Ali tchiaoux, on partit le lendemain lorsque les étoiles brillaient encore au ciel : c'était commencer la journée de manière à faire du chemin ; et il s'agissait de se rendre à Catharina, éloignée d'environ dix lieues.

On faisait route assez tranquillement ; mais, quand le soleil parut, un affreux spectacle s'offrit aux yeux des prisonniers !..... Des cadavres sans tête, à moitié dévorés et encore couverts de lambeaux d'uniforme français, leur annoncèrent les malheurs de la garnison de Zante, qui avait suivi cette route..... Les hommes féroces auxquels les soldats français trahis avaient été livrés, égorgeaient sans pitié ceux à qui la faiblesse, les mauvais traitemens et la rigueur de la saison, ôtaient les forces pour se traîner. Les Barbaresques, qui voyaient leurs devoirs tracés dans ces restes mutilés des braves, ne manquèrent pas de faire observer aux deux prisonniers qu'ils conduisaient, qu'un sort semblable leur était réservé, si quelque maladie venait à suspendre leur voyage. Ils marchèrent, ce jour-là, pendant plus de cinq heures dans les montagnes, et, à cause de la grande quantité de neige qui encombrait les passages dans les lieux les plus élevés, ils n'arrivèrent que vers midi sur le bord de la mer. Ils cotoyèrent une partie du golfe Thermaïque ; et, deux heures avant d'entrer à Catharina, ils marchèrent dans les terres pour contourner un golfe qui s'y prolonge : ils traversèrent à gué une petite rivière qui va se jeter en cet endroit ; et, à trois quarts de lieue de là, en se rapprochant de la mer, ils laissèrent sur la droite un village appelé Stamili; une heure après, ils entrèrent à Catharina [1].

La ville est située dans un bel emplacement, d'où la vue s'étend sur la mer. On peut de là appercevoir les vaisseaux qui vont à Salonique, et qui traversent l'Archipel. Les prisonniers furent

---

[1] Catharina, Καθαρινα. Ce lieu paraît représenter l'ancienne ville de Halera, qui est mentionnée dans la table de Peutinger, entre Dium et Pydna.

conduits chez l'aga qui commandait dans cette ville, qui relève encore du pacha de Ianina. C'était un jeune homme d'une fatuité révoltante: plein des idées de la grandeur de son suzerain, dont il faisait un magnifique étalage, il raconta longuement aux deux Français la malheureuse affaire de Prévesa, à laquelle il prétendait s'être trouvé. Il se vantait d'y avoir fait des prodiges, et d'avoir bravement tranché la tête à quinze Français : pour preuve de ce qu'il disait, il exhiba un sabre rouillé, qu'il présenta à M. Beauvais ; et, pendant que celui-ci l'examinait, il ne paraissait rien moins que tranquille. Ce rodomond, au demeurant, n'était pas d'une humeur aussi belliqueuse qu'il l'annonçait ; et, d'après le dire des Albanais qui l'environnaient, il était fort innocent de la mort de ceux qui étaient morts de sa main.

La ville de Catharina, qu'il administrait avec autant de talens qu'il avait de bravoure, pourrait jouir d'un plus haut degré de prospérité, si elle n'était pas livrée à l'arbitraire d'un homme qui relève d'un pacha avide de richesses. Sa population qui est de plus de deux mille habitans, sa position au milieu d'une plaine fertile et bien cultivée, y procureraient une plus grande aisance que celle qu'on y remarque en général. On compte dans les environs plusieurs villages considérables, dont les habitans belliqueux, bien faits et industrieux, s'adonnent à toutes les branches de commerce et de négoce, dont on leur démontre les avantages. La plupart sont pasteurs, et ils sont quelquefois troublés dans leurs pâturages par les bergers albanais. Ces pasteurs, qui appartiennent à Ali pacha, à ses fils, ou à quelque aga puissant, errent, suivant les saisons, sur les bords du Pénée, du Céphise, et dans les vallons du Pinde. Toujours protégés par ceux dont ils dépendent, ils abusent souvent de leurs privilèges pour vexer les paisibles habitans d'un canton, qui traitent avec eux pour se rédimer. Dans les guerres que les agas se font entr'eux, guerres qui ressemblent à celles de nos anciens feudes, ces bergers passent au pouvoir du vainqueur, qui s'empare des troupeaux de celui qui a éprouvé une défaite, brûle ses plantations, et ravage son territoire.

Mais les pasteurs du pacha de Ianina, respectés, privilégiés, se promènent sans crainte de tous les côtés où ils jugent à propos de diriger leurs pas: toute cette partie de la Macédoine est, au reste, extrêmement fertile.

Les forêts et les plaines sont remplies et couvertes de gibier: il ne manque que des bras pour qu'on n'y trouve plus de landes, car il y a peu de terrain qui ne soit susceptible de culture.

Je ne suivrai pas plus loin les détails de l'itinéraire des deux prisonniers, qui parcoururent un pays dont la route a été décrite par plusieurs voyageurs célèbres. Il me suffira de dire qu'ils virent encore les ravages des brigands de la Roumilie, et les désastres de l'anarchie. Ils trouvèrent le vice-consul français de Rodosto, gémissant dans ses foyers, et totalement spolié. Enfin, après des fatigues accablantes et des dangers sans cesse renouvelés pendant vingt-deux jours, depuis leur départ de Patras, ils touchèrent au terme de leur voyage.

A peine arrivés à Constantinople, ils furent conduits auprès du drogman de la Porte, qui leur fit une multitude de questions, et de là on les transféra aux Sept-Tours, où je les trouvai.

CHAPITRE IX.

CHATEAU IMPÉRIAL DES SEPT-TOURS. — HISTORIQUE, ADMINISTRATION INTÉRIEURE.

Après avoir raconté les aventures de MM. Beauvais et Gérard, je vais donner une idée détaillée du château des Sept-Tours, et des antiquités qu'il renferme.

Le château impérial des Sept-Tours, que les Turcs nomment Hiedicouler, et les Grecs Eftacoulades, est cité, dans l'Histoire du Bas-Empire, dès le sixième siècle de l'ère chrétienne, comme un point qui servait à la défense de Constantinople. Les embrasures de quelques unes de ses tours, et de celles qui flanquent le rempart de la ville, depuis l'angle méridional de ce château jusqu'à la mer, ces embrasures, noircies par le feu grégeois [1], annoncent que ce lieu fut le boulevard principal de la ville, du côté de la Propontide, dans les derniers temps de l'empire.

En 1453, Mahomet II, après un siège opiniâtre, pénétra dans Constantinople, et parvint à s'emparer du château des Sept-Tours, dont la frayeur lui ouvrit une des fausses portes. Les Turcs tiennent communément qu'il sacrifia douze mille hommes pour se rendre maître de ce point, vers lequel il avait dirigé les principaux efforts de son artillerie, dont on voit encore les ravages. Il paraît que le vainqueur, qui jugeait que c'en était fait pour jamais de l'empire grec, s'occupa peu des Sept-Tours, dont il fit à peine réparer les brèches.

Depuis ce temps, ce lieu qui, dit-on, renferma les trésors des sultans, a été célèbre par de grands événemens, dont le principal est la mort d'un des plus vertueux des descendans des califes, de sultan Osman II.

---

[1] Par le feu grégeois. C'est l'opinion de quelques Grecs.

Malheureux prince contre qui se leva la main d'un janissaire [1], dont le nom restera éternellement maudit dans la bouche des Musulmans, je me suis vu assis sur les lieux mêmes où vous pérîtes sous les coups des assassins comblés de vos bienfaits!... Qu'il me soit permis de rappeler un instant les malheurs de ce monarque.

Osman II avait marché en personne à la tête de ses armées [2]. Six fois, dans une bataille contre les Polonais, il avait fait sonner la charge, et autant de fois les janissaires avaient refusé de donner.

Depuis ce moment, il n'avait plus témoigné que du mépris pour un corps qui n'était terrible que dans les séditions.

Triste, après ces revers, il se livra aux devins, et l'apparition d'une comète, en 1618, porta le trouble dans l'empire et dans son ame. Son précepteur Codja-Omer-Effendi, lui conseilla, pour calmer le ciel irrité, de faire le voyage de la Mecque; mais les ministres, les oulemas, la voix des spaïs et des janissaires s'opposent à ce pélerinage : le sultan est ébranlé; un songe fixe ses incertitudes.

« Il s'est vu, dans le sommeil, couvert de sa
» cuirasse, assis sur son trône, occupé à lire le

---

[1] Chaque semaine on maudit solennellement, à la caserne des janissaires, le nom de celui qui frappa son maître.
[2] Voyez *Code religieux*, par M. Mouradjea d'Hosson.

» Kouran. Mahomet lui apparaît, et, d'un air cour-
» roucé, lui arrache le livre, le renverse par
» terre, le dépouille, le frappe au visage, sans
» qu'il puisse se relever et embrasser ses ge-
» noux. »

Nouvelles terreurs ; les perfides, qui voulaient le renverser, lui conseillent derechef le voyage ; il l'ordonne, et rejette toutes remontrances.

Soudain l'alarme se répand, et, avec elle, l'insurrection éclate de toutes parts.

Moustapha, déposé comme imbécile, est retiré de sa prison, et mille cris lui ordonnent de prendre de nouveau sa place sur le trône. Mille voix demandent la mort d'Osman..... Il n'en est pas effrayé; il quitte le sérail et marche à la caserne des janissaires : *Allons*, dit-il, *en ce lieu où l'on fait les rois*. Il est abreuvé d'outrages ; en vain il veut se faire entendre : *Mais*, disait-il, *demandez à celui que vous me préférez comment il s'appelle ; il ne sait seulement pas son nom.*

On l'arrache de la caserne pour le traîner aux Sept-Tours, où il doit périr. Dans la marche, un janissaire le frappe de son bâton : enfin, arrivé sous la première porte du château, on lui jette le lacet fatal au col ; il a le temps d'y passer la main, et il terrasse celui qui veut l'étrangler : mais aussitôt son grand vezir le saisit par l'endroit le plus sensible, qu'il presse avec force ; Osman cède à la douleur, et est étranglé en cet état.

Depuis la mort d'Osman, les Sept-Tours ont été le théâtre de sanglantes exécutions, dont chaque pas rappelle les tristes souvenirs. Là, on voit le tombeau d'un vezir qui, pour prix de ses services et de la conquête de l'île de Candie, reçut la mort. Sur les murailles, de lugubres sentences, des noms de Turcs, de princes grecs, révèlent de tristes arrêts de mort. Enfin, des tours aériennes remplies de fers, de chaînes et d'armes anciennes, des tombeaux, des ruines; le puits du sang, d'affreux cachots, des voûtes froides et silencieuses sous lesquelles on trouve plusieurs passages du Kouran, quelques inscriptions, le cri funèbre des hiboux et des vautours, qui se mêle à celui des vagues : tel est le tableau que j'ai à représenter. J'ajouterai à ces détails, la forme extérieure de ce château, son étendue, ses signes de vétusté, choses qui n'ont encore été décrites par aucun voyageur.

Outre ce que je viens de dire, les Sept-Tours sont particulièrement connues en Europe pour être la prison où les Turcs ont coutume de renfermer les ambassadeurs et les ministres des puissances avec lesquelles ils sont en état de guerre. Dans ces derniers temps, elles furent consacrées à cet usage pour la légation, et quelques officiers français au nombre desquels je fus compris.

Les personnes détenues dans cette prison sont distinguées de tous les autres prisonniers de guerre par un taïm, ou traitement de table, que leur assigne le sultan, et enfin par le nom de moussafirs ou ôtages, que les Turcs font sonner bien haut. C'est, à les entendre, une faveur spéciale que d'être les moussafirs du sultan. En effet, quoique gardé de près, on peut regarder cette détention comme une grace, en la comparant à la situation des autres prisonniers de guerre, que les barbares condamnent aux travaux publics dans le bagne.

Les Sept-Tours sont décorées, dans les diplômes impériaux ou fermans, du titre de *forteresse impériale*, et, en cette qualité, elles sont gouvernées par un aga, qui a une garde à ses ordres et une musique. Cette place d'aga est ordinairement une retraite honorable et paisible, avec les appointemens de six mille piastres [1], affectés sur deux dotations ou timars, en biens-fonds situés aux environs de Rodosto. Celui qui commandait le château pendant ma captivité, appelé Abdulhamid, était un vieillard vénérable, d'origine tatare, qui avait fait ses premières armes dans le sérail, en qualité de muezzin ou de sacristain. A l'âge de soixante ans, n'ayant plus de voix pour chanter sur un minaret, ou à la porte d'une mosquée, on l'avait créé commandant de place. Brave homme, au reste, plein de vertus, il n'avait pas le fanatisme de ceux qui n'ont que les dehors de la reli-

---

[1] Environ 10,000 francs.

gion. Si la crainte des délations de ceux qui l'entouraient le rendait parfois sévère envers nous, nous ne dûmes jamais l'accuser des vexations que nous éprouvâmes. Avare comme un Turc, il n'était cependant pas insensible aux petites attentions qu'on avait pour lui, et plus d'une fois je l'ai surpris buvant sans façon le café avec notre marmiton, qui était un papas grec de Cérigo. C'est que la différence des conditions n'est comptée pour rien en Turquie, où un porte-faix peut devenir vezir ou général, dans vingt-quatre heures. D'ailleurs, un Turc qui est sûr de n'être pas vu des siens, traite volontiers d'égal avec un raïa, qu'il opprime en public.

Cet aga avait sous ses ordres un kiaya ou lieutenant, une garnison composée de cinquante-quatre disdarlis, divisés en dix sections, commandées par autant de belouk-bachis ou caporaux. Sans rappeler les noms de ces illustres personnages, je dirai que le lieutenant du château était dessinateur dans une manufacture de toiles peintes; et que, parmi les caporaux, on comptait l'imam ou curé des Sept-Tours; un batelier, un marchand de pipes, et plusieurs personnages de la même importance. Quant aux disdarlis ou soldats, c'étaient des malheureux qui recevaient une paye de six aspres par jour [1], et qui, malgré

---

[1] L'aspre vaut neuf deniers.

cela, avaient encore des hommes qui enviaient leur place. L'aga, nommé directement par la Porte, choisit son kiaya entre les belouks-bachis, et c'est ordinairement le plus ancien qu'il élève à ce grade. Il nomme aussi les belouks-bachis, qui sont obligés de verser entre ses mains un cautionnement de cent piastres, qu'il leur rend en cas de destitution ou de démission volontaire.

L'avantage qui résulte pour les Turcs de faire partie de la garnison des Sept-Tours, est d'abord une certaine considération dans leur quartier; en second lieu, c'est d'être exempts d'aller à la guerre, devoir dont aucun Musulman ne peut s'excuser quand il en est requis. Les belouks-bachis jouissent, en outre, de douze aspres ou quarante-cinq centimes de traitement par jour, et l'aga leur donne deux repas par an en Ramazan [1]. Ils forment, sous sa présidence, une sorte de conseil où ils traitent du partage du butin qu'ils font sur les prisonniers qui sont en leur pouvoir. Ils délibèrent ensuite sur la discipline; ils s'entre-dénoncent, se querellent, jusqu'à ce que le commandant, qui occupe l'angle du sopha, les mette d'accord en leur administrant des coups de bâton, ou en les chassant, après avoir fait précéder son jugement des formes d'une sorte d'enquête juridique, pour prononcer leur expulsion.

---

[1] Ramazan, c'est le temps du jeûne : il dure vingt-huit jours.

CHAPITRE X.

TOPOGRAPHIE DES SEPT-TOURS.

Le château des Sept-Tours, situé à l'extrémité orientale de la Propontide ou mer de Marmara, est un pentagone assez régulier, dont chacun des saillans est flanqué d'une tour. Sa plus grande face, tournée à l'ouest, outre les deux tours qui appuient ses angles, en a encore deux autres qui forment les deux côtés de l'ancien arc de triomphe de Constantin, qui conduisait à la porte dorée. La porte qui donne entrée aux Sept-Tours est ouverte à l'est du côté de la ville, et donne sur une petite place. La surface du château est d'environ cinq mille cinq cents toises carrées; le plus grand côté, qui est du nord au midi, comptait autrefois quatre tours, dont trois seulement subsistent encore. La première forme un des côtés de la première porte de Constantinople : elle est ronde et couverte en plomb; le mur qui la joint, avec la première tour de marbre de l'arc de triomphe de Constantin, est haut de soixante pieds; il a un parapet et est garni de six pièces de canon en fer, qui battent la campagne du côté de Barouth-Hané, sur le chemin de Saint-Étienne. La première tour de marbre qu'on trouve en partant de la tour dont je parle, est une énorme masse de quatre-vingt-dix à cent pieds d'élévation, avec une plate-forme. Elle est bâtie en marbre poli, depuis sa base jusqu'au comble, du côté de la campagne, où elle forme un saillant qui s'avance de près de quarante pieds dans la seconde enceinte, et le marbre est brut du côté compris dans l'intérieur de la seconde enceinte intérieure. Cette tour, quoique fendue par les secousses des tremblemens de terre, est encore en assez bon état. La frise qui en fait le couronnement, est conservée, et on voit, à ses angles nord et sud, deux aigles romaines sculptées, qui sont d'un mauvais style. Le mur qui part de son angle oriental pour aller former l'arc de triomphe de Constantin, est égal à sa hauteur et conserve la frise qui fait son couronnement; on y voit l'empreinte du canon, dont les brèches sont réparées en briques. Cette tour, à sa face orientale, qui est dans l'enceinte des Sept-Tours, est percée d'une grande porte, et n'offre plus rien de particulier dans son intérieur.

L'arc de triomphe de Constantin, qui occupe le milieu entre les deux tours de marbre, conduisait à la porte dorée pratiquée dans le mur de la seconde enceinte extérieure des Sept-Tours. On ne peut plus juger des ornemens de cet arc qui était haut de plus de quatre-vingt-dix pieds, à cause qu'ils ont été pulvérisés par l'artillerie; mais, vu dans l'intérieur de la première enceinte, il présente encore en entier un vaste écusson entouré d'une couronne de laurier, ayant à la partie inférieure les foudres, et renfermant le chrysimon. Aux deux côtés de cet arc, semblable, pour la coupe et l'épaisseur, à la porte Saint-Martin de Paris, il y avait deux portes latérales de forme ronde, qui sont actuellement bouchées par une maçonnerie; l'arc est aussi obstrué par deux étages de cachots que les Turcs y ont bâtis, en y pratiquant deux voûtes en brique qui les soutiennent. La petite porte latérale de gauche, qui est murée, a été convertie en magasin à poudre; mais, comme elle est plus basse que les terres, l'eau qui y croupit la rend le séjour ordinaire des grenouilles et des salamandres. De là, à la seconde tour de marbre, le rempart offre la continuation de la frise, en partie détruite par une énorme brèche réparée en briques; et dans l'intérieur, les cuisines des prisonniers y sont adossées jusqu'à la deuxième tour de marbre. Cette tour n'est pas nulle comme la première : elle renferme d'horribles et froids cachots qui ont entendu les soupirs de mille victimes dévouées à la mort [1]. Le principal de ces antres, connu sous le nom de *cachot du sang*, mérite une description particulière. La première

---

[1] Ce lieu pourrait bien avoir servi aussi à renfermer les trésors des sultans.

porte qui y donne entrée est en bois; elle s'ouvre dans un corridor de douze pieds de long sur quatre de large, au bout duquel on monte deux degrés pour arriver à une porte qui est en fer battu, et qui conduit à une galerie demi-circulaire; à son extrémité se trouve une seconde porte en fer également battu, qui complète la même galerie; enfin, dix pieds plus loin, il y a une porte en poutres énormes, qui ferme le cachot. On n'y entre point sans un frissonnement involontaire. Jamais la lumière du ciel ne pénétra dans ce lieu de larmes et de gémissemens! jamais la voix d'un ami ne s'y fit entendre, pour consoler celui que le despotisme avait condamné à la mort!

La sombre lueur des flambeaux y jette à peine une clarté mourante, tant l'air qui est renfermé dans ce gouffre est privé de ses parties vivifiantes; à la faveur de son reflet, on parvient néanmoins à lire quelques inscriptions tracées sur le marbre humide; mais l'œil ne peut atteindre jusqu'à sa voûte perdue dans les ombres. Au milieu de ce sarcophage, se trouve un puits au niveau du sol, fermé à moitié par deux dalles en pierre, qu'on a roulées sur sa bouche : les Turcs lui donnent le nom de puits du sang, parce qu'ils sont dans l'usage d'y jeter les têtes de ceux qu'on exécute dans ce cachot, qui a pris de là le nom de cachot du sang. Ainsi sont ensevelis dans un éternel oubli les noms des plus grands hommes de l'empire, dont un coup d'œil du sultan dispose à son gré.

Dans la tour qui renferme le cachot du sang, il y a un escalier par lequel on monte à plusieurs autres cachots, dont la hauteur, qui excède celle des remparts, permet, par d'étroites meurtrières, de jouir de la vue de Constantinople. Les Turcs avaient coutume d'y renfermer les ministres détenus comme ôtages, qui depuis ont obtenu la permission de louer un autre logement, comme je le dirai bientôt. Le même escalier conduit sur la plate-forme de cette tour et de l'arc de triomphe, ainsi que sur celle de la seconde tour; mais l'entrée en est fermée au haut par une herse en fer, encombrée d'arbustes, et de ruines, qui prouvent qu'on n'a pas fréquenté ce belvédère depuis bien des années.

De la tour de marbre dont je parle, jusqu'à l'angle méridional du château, le rempart n'offre rien de remarquable, et il est dégarni de canons. La tour qui flanquait cet angle est tombée en ruine, et ses fondations forment dans la seconde enceinte extérieure, une sorte de citerne, ou plutôt de cloaque dans lequel il s'est élevé des arbustes.

Toute la partie du rempart qui est au midi, est sans canons; on y voit un cavalier très-élevé, qui n'a pu avoir d'objet que dans le temps où l'on faisait usage des flèches, et des moyens de défense des anciens.

Le troisième angle du pentagone, ou angle du sud, est défendu par une tour ronde formée de deux coupes. La première, à soixante-dix pieds d'élévation, se trouve percée d'embrasures qui forment une galerie autour d'une autre tour, qui, par la retraite faite dans l'épaisseur du mur, semble être une tour qui naît du milieu de la première. Son toit s'appuie immédiatement sur les embrasures de la tour intérieure, et la hauteur de cet ouvrage bisarre est au moins de cent vingt pieds. Dans l'intervalle qui le sépare d'une autre tour qui flanque l'angle oriental, le rempart, plus bas que celui du sud et de l'ouest, est garni de quatre pièces de canon qui battent du côté de la ville, et vers le rivage de la mer.

La tour de l'angle oriental ne diffère de celle dont je viens de parler, que parce qu'elle forme une espèce de dodécagone. Elle renferme un cachot qui n'est fermé que par deux barrières en bois, et dans lequel on descend au moyen d'une pente douce, et où l'air et la lumière pénètrent facilement.

Près de là se trouve la porte d'entrée du château, pratiquée dans une petite tour de forme carrée, qui est couverte en plomb, et dans laquelle on met provisoirement les prisonniers aux fers. Elle n'a rien de remarquable que ses portes, qui étaient jadis en bois, et qu'on a construites en fer, depuis qu'un prisonnier s'évada, en les détruisant au moyen du feu.

De cette issue à la dernière des tours dont il me reste à parler, le rempart est garni de dix pièces de canon qui battent la ville. Cette dernière tour, dont le toit a été détruit par le temps, se démolit et tombe en ruine : dans peu d'années elle n'existera sans doute plus, car les Turcs, qui ne savent pas réparer, voient s'écrouler chaque jour des pans de murailles qui encombrent l'intérieur de l'enceinte que je vais parcourir.

Après avoir décrit les remparts et les fortifications du château des Sept-Tours, je passe maintenant à son intérieur.

La porte d'entrée peinte en rouge, garnie de lames de fer, est recouverte par une herse qu'on laisse tomber en cas de danger imminent. Après l'avoir passée, on se trouve sur le lieu même où fut étranglé Sultan Osman; à droite, est une salle d'armes remplie de vieux boucliers, d'armes anciennes, de fers et de chaînes; et à gauche, se voit une petite cabane qui est le poste du kiaya.

Une chaussée pavée, bordée de boulets de marbre, conduit à la seconde enceinte intérieure. Pour y arriver, on passe près d'une petite mosquée qu'on laisse sur la gauche : le reste de cette cour est rempli d'une quarantaine de maisons, de jardins, de monceaux de pierres, et d'un fouillis de bois qui ont cru spontanément sur les décombres. Cette enceinte renfermait quelques maisons bien bâties; mais un incendie les détruisit il y a environ une vingtaine d'années, et depuis on n'a rien rétabli.

La seconde enceinte comprend la maison de l'aga, et celle des prisonniers ôtages ou moussafirs. Elle est fermée par un cordon de murs de dix-huit pieds de haut, qui part en s'avançant pour circonscrire un espace carré qui embrasse les deux tours de marbre. On y entre par une grande porte peinte en rouge; à gauche est le corps-de-garde des soldats ou nébetgis; c'est une espèce de cabinet meublé d'un chétif sopha, et qui peut contenir dix hommes. On n'y voit ni armes, ni attributs militaires : une douzaine de bâtons ou sopes sont les armes de ceux qui veillent en ce lieu. Au bout de ce mauvais pavillon, se trouvait un petit cabinet occupé par un domestique; vis-à-vis ce corps-de-garde, est une aile de bâtiment qui se prolonge jusqu'à six toises de la porte triomphale de Constantin; c'est la maison de l'aga, dont nous occupions une partie.

La Porte dans ses fermans, n'accorde à ses moussafirs que des cachots, et laisse à l'aga la faculté de leur louer une partie de son local; celle que nous occupions était divisée en un rez-de-chaussée inhabité, en premier et second étages.

Le pavillon attenant au nôtre était habité par le

commandant et par ses femmes. Il se trouvait sur le derrière un petit jardin, et l'ouverture de la première tour de marbre.

Je dois dire, au sujet de cette tour, que le chargé d'affaires étant parvenu, dans les derniers temps de notre captivité, à louer le pavillon de l'aga pour s'y retirer avec son épouse, j'eus occasion de visiter l'intérieur de la tour et d'y entrer. Malgré l'obscurité qui y règne toujours, je pus distinguer un cercueil en bois, et la curiosité m'ayant porté à l'ouvrir, après avoir soulevé le couvercle sur lequel était sculptée une figure égyptienne, avec des oreilles très-saillantes, j'apperçus une momie brisée en trois pièces, dont j'enlevai aussitôt la tête, que j'emportai. J'appris ensuite, en consultant les Annales de Turquie, dont M. Ruffin voulut bien me traduire un passage, que c'était un présent que le roi de France envoyait à *Charles XII*, roi de Suède, retiré à Bender, il y a quatre-vingt-quatorze ans. La momie venait directement d'Égypte; on l'expédiait à sa destination lorsqu'elle fut arrêtée par les janissaires qui veillaient à la porte d'Andrinople. Scellée du sceau du caïmacan, elle fut déposée aux Sept-Tours, comme les reliques d'un saint. Je n'ai jamais entendu dire, ainsi que l'assure Milady Montaigu, que les Turcs y attachassent l'idée d'un palladium auquel tient la conservation de l'empire. C'est encore une des jolies fictions de son ouvrage. Dans son hypothèse, j'aurais rompu le charme et précipité la ruine d'un grand empire; mais je suis fort en sûreté de conscience d'une semblable faute.

Une petite rue pavée, qui, de la porte d'entrée de la seconde enceinte, conduit à l'arc de triomphe, sépare la maison de l'aga, du jardin qui est bordé de palissades de ce côté. Ce jardin a la forme d'une équerre, dont un des côtés, parallèle à la seconde tour de marbre, a dix toises quatre pieds de long sur trois de large, et l'autre, qui est parallèle à la maison de l'aga, a six toises sur une semblable largeur. Dans la première partie se trouve le cimetière des martyrs, qui occupe une surface carrée de deux toises. C'est là où les Turcs conservent les tombeaux de ceux de leurs chefs qui périrent à l'assaut des Sept-Tours. Ils maintiennent la forme des fosses, auxquelles ils donnent des proportions gigantesques, pour inspirer une haute opinion de leurs belliqueux ancêtres [1]. Ce lieu est environné d'un petit mur de deux pieds d'élévation, et toutes les nuits on y entretient un fanal, que le meuzzin est chargé d'allumer.

---

[1] C'est un usage chez tous les peuples de l'Orient, de donner des proportions colossales aux tombeaux.

Alexandre-le-Grand avait, dit-on, fait jeter des armures propres pour des géans sur le passage de son armée, afin de faire croire à la postérité qu'il commandait des demi-dieux.

L'intérieur de ce jardin avait été très-bien orné par les Moscovites qui y avaient fait peindre des paysages et bâtir deux keosks ou pavillons; mais comme tout se dégrade entre les mains des Musulmans, nous n'y avons plus trouvé que les ruines de ces embellissemens. Notre position était trop difficile, à cause du dénuement dans lequel nous nous trouvions, pour entreprendre rien de semblable. Nous nous contentâmes donc de former des gazons, et un de nos camarades grava sur une table de marbre de la seconde tour, l'inscription suivante :

A LA MÉMOIRE DES FRANÇAIS
MORTS DANS LES FERS DES OTHOMANS.

1801.

L'étranger qui visitera un jour ces froides prisons, la lira avec intérêt, quand il saura ce que nous souffrîmes, et les maux affreux de nos compatriotes dans le bagne.

L'intérieur des Sept-Tours n'offre aucune autre particularité. Je ne sais pourquoi les auteurs de l'*Encyclopédie*, disent qu'on voit dans une de ses cours, le mortier destiné à broyer les oulemas, tandis que le plus grand nombre des Turcs assurent qu'il est dans le sérail, et que les hommes les plus raisonnables pensent qu'il n'existe pas, et que c'est un être de terreur qu'on ne connaît plus depuis bien des siècles. On ne trouve dans ces cours que d'énormes boulets de marbre, entassés et destinés à être lancés par des bouches à feu d'un autre calibre que celles qui se trouvent sur les remparts. En cela, comme en beaucoup d'autres choses plus importantes, il faudrait déchirer bien des pages des relations de l'Orient, pour faire connaître la vérité. Je ne sais par quelle fatalité la plupart des voyageurs qui nous ont précédés, ont toujours voulu broder du merveilleux aux voyages qu'ils nous donnaient.

Les Sept-Tours sont habitées, dans la première enceinte, par quelques pauvres Turcs, qui y ont leurs maisons et leurs familles. Ils sont attachés à la garde du château, et, pour vivre, ils exercent en outre quelques professions. L'imam de la petite mosquée qu'elle renferme y a son logement, et sa juridiction s'étend aux environs pour le casuel des enterremens et des autres cérémonies de son culte; ce qui lui rapporte quelque bénéfice. Celui qui remplissait ces fonctions, dans le temps où je m'y trouvais, avait acheté sa place cent cinquante piastres d'un de nos soldats, qui préféra la condition de servant maçon, à celle d'imam, qu'il tenait, de père en fils, depuis la prise de Constantinople.

L'imam qui lui avait succédé, était en outre belouk-bachi, ou caporal d'une des sections de la garnison, et faisait le service à son tour pour nous garder. Il lisait passablement sa langue; et son meuzzin, ou sacristain, savait le Kouran par cœur, sans entendre un mot d'arabe: il avait, à cause de cela, le surnom de Hafiz, commun à tous ceux qui savent le Livre saint par mémoire, et, avec cette qualité, il ne réunissait pas deux idées. Tel était en général l'intérieur des Sept-Tours, en 1801.

Je passe maintenant à la description de l'enceinte extérieure, qui présentera quelques détails plus intéressans, et me fera pardonner le ton didactique que je suis obligé de prendre pour décrire des angles, des saillans, des décombres et des ruines, qui n'ont pas le caractère vénérable des restes précieux de l'antique Grèce, où l'imagination est sans cesse frappée par les objets qui s'offrent aux regards du voyageur.

CHAPITRE XI.

DEUXIÈME CIRCONVALLATION, OU ENCEINTE EXTÉRIEURE DES SEPT-TOURS.

En sortant par l'arc de triomphe de Constantin, on passait autrefois sous la porte dorée, qui est maintenant bouchée. Cette issue des Sept-Tours ne conduit plus aujourd'hui que dans la seconde circonvallation, ou enceinte extérieure des fortifications, formée par l'espace compris entre le premier et le second rempart. Ce terrain est occupé en grande partie par un jardin à moitié cultivé. A trente pas de l'arc de triomphe, sont quatre cyprès, et quelque sycomores disséminés, formant des groupes qui se dessinent sur le fond du massif des tours de marbre, et présentent une vue pittoresque, lorsqu'on les apperçoit en venant du village de Saint-Etienne.

Les Turcs ont revêtu la porte dorée d'une maçonnerie solide, afin d'en faire une citerne, et le commandant a fait bâtir deux pavillons dans le massif de ruines qui subsiste encore. Il y a établi un jet d'eau qui se rend dans un bassin carré placé devant ces pavillons, dans l'intérieur du jardin; on y vient fumer, et c'est le lieu de repos de l'aga, qui n'a pour perspective que la vue bornée des tours de marbre.

On lit, sur les côtés des portes de l'arc de triomphe, des inscriptions grecques écrites avec une couleur rouge, qui expriment le nom de Dieu et sa grandeur : elles sont, ainsi que quelques croix grecques, disséminées sur les marbres, et paraissent être l'ouvrage des soldats pieux qui veillaient en cet endroit.

Aux angles saillans des tours de marbre, sous la frise, on voit les aigles romaines.

De l'angle nord de la première tour de marbre part un mur, qui termine l'enceinte de ce côté, en se réunissant au second rempart.

On voit, tout près de cette tour, une porte appelée porte de la Victoire, que les Turcs vénèrent, et au dessus de laquelle ils entretiennent toutes les nuits un fanal allumé. Ils tiennent que ce fut par-là que leurs ancêtres pénétrèrent dans Constantinople[1]. Ils regardent la terre qui l'avoisine comme formée toute entière de la cendre glorieuse des martyrs, et ils la respectent singulièrement. Cette porte, qui est absolument condamnée, donne au nord, dans le fossé où, depuis quelques années, on a établi un marché public de bœufs. Un petit escalier, par lequel on monte au dessus, conduit dans un fossé qui, du côté nord de la première tour

---

On sait que ce fut par la porte de Saint-Romain.

de marbre, s'étend jusqu'à la première porte de Constantinople; il est fermé par un mur transversal percé de huit embrasures : ce fossé est rempli de décombres, de bois de grenadiers, de sycomores, et d'une multitude de tortues.

Vis-à-vis la première tour de marbre, sur une demi-lune du rempart de la seconde enceinte extérieure, on a bâti un keosk ou belvédère où, chaque semaine, en payant, on nous permettait de venir respirer l'air. On y monte par un escalier de six degrés, en marbre brut de la Proconèse. Le keosk est divisé en deux pièces, dont la première est percée, à l'ouest, de trois fenêtres, et d'un nombre égal qui donnent vue, à l'est, sur le jardin. La seconde pièce, où nous allions passer quelques heures, était meublée d'un sopha, avait neuf fenêtres, et le plafond de toutes deux était peint avec simplicité et élégance.

La vue s'étend de ce pavillon sur une infinité de cimetières, de jardins, et vers les champs fertiles de la Thrace; à gauche, on domine un village où sont les boucheries, les fabriques de chandelles et de cordes à boyaux. Au delà l'œil s'égare délicieusement sur l'immensité des mers qui baignent les côtes riantes de l'Asie, et embrasse les îles lointaines de Marmara, qu'on distingue facilement. C'est dans le mur de ce second rempart qu'on trouve, à l'extérieur, les restes de la porte dorée. On y voit deux colonnes en marbre blanc, dont le fût, qui est d'une seule pièce, fait soupçonner, par son diamètre, qu'elles ont trente ou trente-cinq pieds d'élévation; elles sont, ainsi que leurs chapiteaux, parfaitement conservées, si on en juge par ce qu'on apperçoit. Il y a une douzaine d'autres colonnes qui soutiennent des entablemens, et on y voyait autrefois des bas-reliefs; à cause des décombres et des terres amoncelées contre ces ruines précieuses, on ne peut distinguer leur base, ni les ornemens qui s'y trouvent; il n'y a, au reste, aucunes inscriptions.

Près de la seconde tour de marbre, dans laquelle sont les cachots, il existe une palissade, et une petite barrière qui donne entrée dans un enclos qui se termine également à un mur transversal, qui prend depuis l'extrémité méridionale de la base du pentagone des Sept-Tours jusqu'au second rempart. En cet endroit sont des décombres, des fragmens de marbres, une multitude d'arbres et d'arbustes qui donnent une fraîcheur agréable. A force de demandes, de prières, en payant enfin, nous obtînmes la permission d'agrandir notre promenade de la jouissance de ce fossé, image du chaos. Nous en déblayâmes le fond, nous y fîmes une promenade, un jeu, un cabinet d'étude; nous pouvions en même temps, du haut d'une butte formée de ruines, et qui s'élève jusqu'au milieu de la seconde tour de marbre, nous pouvions, dis-je, jouir d'une vue étendue, quand nous sortions de dessous nos voûtes d'arbustes : nous prenions alors plaisir à contempler le mouvement des vaisseaux qui sans cesse arrivent à Constantinople, chargés des produits industriels de l'Europe, ou qui sortent de son port avec les marchandises précieuses de l'Orient, et les denrées qu'elle donne en échange.

Dans cette même enceinte, s'offrait à nos regards, un triste sujet de méditation. C'était le tombeau du grand vezir qui avait conquis l'île de Candie, ceux de son fils et de sa femme. Couvert de gloire, ennobli par les services qu'il avait rendus à son monarque, l'envie lui avait attiré une disgrace éclatante : précipité du faîte des grandeurs, ce prince fut jeté dans le cachot de sang, et étranglé. Son fils et son épouse obtinrent la permission de mêler leurs cendres à celles d'un époux et d'un père qu'ils chérissaient. Leurs tombeaux sont entretenus avec soin; les Turcs les ont décorés d'une grille dorée, qui sert d'appui à de hauts jasmins, et à quelques arbustes odorans. Une épée flamboyante, une inscription simple, rappellent les services du père, les vertus de l'épouse, et la mort prématurée d'un fils, qui donnait de grandes espérances. Le despotisme qui écrasa un fidèle serviteur, l'envie qui fit tomber une tête illustre, souffrirent que la vérité traçât sur le marbre les faits d'un guerrier exempt de toute inculpation. On ne parle point de la cause de sa mort ; mais le ciseau a buriné ses services et ses exploits.

Dans le mur qui coupe transversalement cette enceinte, il y a une petite porte qui donne entrée dans l'intervalle compris entre le premier et le second rempart, qui continue de s'étendre jusqu'au bord de la mer. Depuis long-temps, nous soupçonnions qu'il devait s'y trouver une promenade agréable; en vain, du haut du mur, sur lequel nous montions, nous espérions en mesurer l'étendue ; le hasard, le temps, et de l'argent surtout, nous procurèrent ce que nous demandions.

On entre dans l'intervalle du premier au second rempart, que nous appelions le grand jardin, par une porte en bois pratiquée dans le mur transversal, qui a vingt-cinq pieds de haut, sur lequel on voit neuf embrasures, et au dessous un parapet large de deux pieds et demi.

On trouve aussitôt, en entrant, l'excavation de la base d'une des tours du château, que j'ai dit précédemment être écroulée, et, en tournant à droite, on suit un petit sentier pratiqué au milieu d'une multitude de lilas, de lauriers, de grenadiers, d'amandiers et de coignassiers. On a sur la droite la muraille percée de créneaux, et bastionnée, qui revêt cette seconde enceinte, et, sur la gauche, le rempart de la ville, haut de soixante pieds.

Ce rempart est flanqué de grosses tours plates, au nombre de sept, bâties à des distances presque égales jusqu'à la mer. Elles sont toutes de forme ancienne, et construites pour des temps antérieurs à l'usage du canon. Le rempart, cependant, malgré son élévation, serait susceptible de recevoir de l'artillerie, et il en était sans doute garni dans les derniers temps de l'empire. Les embrasures des tours sont noircies; et les Grecs, que j'ai consultés, assurent que c'est l'effet du feu grégeois, qu'on lançait sur les Barbares, qui souvent vinrent affronter les faibles empereurs jusque dans leur capitale.

La première, la seconde, et la troisième de ces tours sont octogones et en bon état. Elles n'offrent rien de particulier que les nids des *akababas*, (*vultur perknopterus*) que ces oiseaux voyageurs viennent établir, chaque année, dans leurs créneaux aériens. Dans l'intervalle de la première à la seconde tour, on trouve un puits obstrué par un monceau de pierres, et le mur est entièrement tapissé par des lierres. Dans la courtine de la seconde à la troisième tour, une petite colonne de marbre blanc indique le tombeau d'un tchorbadgi ou colonel de janissaires, qui périt à la prise de Constantinople; les Turcs le révèrent comme un saint : le hasard a placé autour de sa tombe un haut laurier, un noisetier, un grenadier et un figuier qui y forment une espèce d'arceau. Il semble que la nature ait voulu distinguer ce petit coin de terre, où repose un guerrier, par la fraîcheur du gazon, et par les fleurs qui s'y trouvent. Vis-à-vis est un énorme cormier et quelques arbres de Judée, qui composent un groupe agréable.

La quatrième tour, dont la forme est carrée, a beaucoup souffert des tremblemens de terre. Elle présente l'inscription suivante, que je donne telle qu'elle existe, quoiqu'elle se trouve dans *Procope* d'une manière propre à former un sens différent.

[1] ΠΑCΙ ΡΩΜΑΙΩΙC ΜΕΓΑΛΕΠΟΗCΕ

Ο ΡΩΜΑΝΟC ΝΕΟΝ Ο ΠΑ ΜΕΓΙCΤΟC

ΤΟΝ ΔΕ ΠΥΡΓΟΝ ΕΚ ΒΑΘΡΩΝ.

Ce qui signifie : Le grand, le très-grand Romanus a bâti, pour tous les Grecs, un temple et une tour depuis les fondemens.

La cinquième tour est fendue depuis les créneaux jusque dans les fondemens.

Je profitai de l'intervalle des murs pour y pénétrer, et je trouvai à sa base un trou qui communiquait dans des jardins voisins. C'était un bon

---

[1] Cette inscription, que je donne telle qu'elle existe sur la tour de Constantinople, où je l'ai copiée, diffère de celle publiée par Spon et Tournefort, qui renferme à peu près le même sens ; mais, ni l'un ni l'autre de ces voyageurs n'ont eu autant de loisir de la relever, que ma captivité m'en a fourni l'occasion.

A CONSTANTINOPLE.

moyen d'évasion, si on ne nous eût renfermés, p[en]-
dant la nuit, dans l'enceinte intérieure des Se[pt]
Tours, ou si nous avions pu espérer de trouver [un]
asile. Mais, quel ami, quel protecteur un Fran[c]
avait-il alors dans les murs de Bysance, où [tout]
était acharné contre lui? Il n'y avait aucun [es]-
poir d'intéresser une ame compatissante!

La sixième tour, à moitié écroulée, nous f[our]-
nit un moyen de monter sur le rempart et d[e vi]-
siter ce qui pouvait s'y trouver de curieux. [Du]
haut de son parapet, on découvre Constantin[ople]
qu'on ne peut appercevoir de notre prison. [Là]
nous engageâmes la conversation avec quel[ques]
Arméniens : quant aux antiquités, je ne vi[s que]
des croix grecques, qui se trouvent repro[duites]
en plusieurs endroits différens.

La base de la septième tour est placée d[ans la]
mer, et les flots viennent s'y briser avec f[orce]
quand les vents règnent dans la partie du [sud ;]
elle est entièrement vide dans son intérie[ur ;]
on lit sur son couronnement l'inscripti[on sui]-
vante :

ΠΥΡΓΟΣ ΒΑΣΙΛΕΩΝ

ΚΑΙ ΚΩΝΣΤΑΝΤΙΝΟΠΟΛΙΤΑΝΩΝ.

TOUR DES ROIS ET DES CONSTANTINOPOLIT[AINS.]

Une croix monogramique termine [la lé]-
gende, qui enveloppe les côtés occident[al et mé]-
ridional de cette tour.

A en juger par le faste de ces inscriptions, on croirait qu'elles annoncent un monument qui mérite l'attention de la postérité; tandis que ce ne sont que deux chétives tours, dans lesquelles il n'y a rien de digne de remarque, si ce n'est le ridicule de l'annonce. Au temps du Bas-Empire, les qualifications étaient pompeuses, les arts oubliés, et les grands personnages ne s'annonçaient que par les titres de tout-puissant, et de *sébaste*. Il suffit de parcourir l'histoire de ces siècles, pour se convaincre de l'état misérable des descendans des Romains, qui n'étaient plus que des Barbares, ou des fils d'affranchis, dont la vanité et l'orgueil faisaient le seul mérite.

Un mur crénelé ferme cet espace du côté de la mer, dans laquelle on apperçoit des fûts de colonnes et des fragmens de marbres. Je ne puis détailler la quantité d'arbres de toute espèce qui remplissent l'espace dont je viens de parler. Il y a d'énormes noyers, des pruniers, des abricotiers, des cormiers, des jujubiers, des arbres de Judée, des sycomores, des grenadiers, une forêt de lauriers, de lilas, de rosiers, de jasmins. L'iris, la tulipe, les anémones, la violette, l'œillet rouge, y étalent leurs couleurs, et y répandent leurs parfums. C'est un chaos de ruines, de pierres, de tombeaux, d'arbustes et d'arbres. On y entend chanter le rossignol, croasser les goélands et les hiboux.

Réduits à trouver cet espace agréable, à cause

des privations qui nous étaient imposées, nous venions nous asseoir au bord de la mer, pour rêver un instant au bruit de la vague; nous nous intéressions à chaque vaisseau qui passait devant nous. Que de souhaits, que de vœux inutiles formés alors! que de conjectures sur notre sort! Cependant, les jours s'écoulaient en silence, et je m'empressais de recueillir ce que je pouvais dérober aux circonstances fugitives.

Pour terminer ma topographie, je dirai que le second rempart est flanqué d'un fossé dans lequel coule, toute l'année, l'eau d'un petit ruisseau appelé *Sperchius*. Il prend sa source aux virons de Baloucli [1], serpente dans les fossés de la ville, passe sous un petit pont qui est devant la première porte, et va se jeter dans la mer. On cultive dans ce fossé, de la menthe, dont les

---

[1] Baloucli, cimetière des Grecs, situé au N-O de Constantinople. Ce lieu est singulièrement vénéré, à cause d'une fontaine dans laquelle les papas montrent aux fidèles des poissons à moitié frits, qui sont là depuis la prise de Constantinople par les Turcs. Le jour de ce fatal événement, on annonça, disent les bonnes gens, à une servante occupée à frire des poissons, que les Turcs étaient maîtres de la ville; et elle répondit qu'elle ne croirait cette nouvelle que quand les poissons qui cuisaient sauteraient spontanément, hors de la poêle qu'elle tenait sur le feu, dans un vivier voisin.... et, pour la faire croire, le miracle s'accomplit. Depuis ce temps, tous les Grecs assurent les voir!

Turcs font la récolte avec de grandes précautions, et il y croît spontanément une multitude d'artichauts dans le terrain qui est inculte; on trouve beaucoup de tortues, et presque par-tout des couleuvres qui ne diffèrent pas des espèces que nous connaissons.

L'air des Sept-Tours est en général malsain, et peut conduire au scorbut; dans l'été, les murailles, échauffées par le soleil, transforment cette enceinte en une fournaise dont la température est fatigante. Le vent du nord, est, comme pour la ville entière, le seul qui puisse la rendre saine; car si le vent du sud (*lodos*) souffle pendant quelques jours, il apporte avec lui des brouillards, et l'odeur des manufactures et des boucheries voisines, qui seraient funestes si une semblable température avait de la durée. Qu'on joigne à ces inconvéniens, l'incommodité des insectes des pays chauds, et une quantité de scorpions jaunâtres qui se glissaient jusque dans nos lits, et on aura une idée des localités.

Les appartemens que nous occupions, et surtout ceux du premier, étaient constamment humides, ce qui attirait les reptiles par-tout; ils avaient, outre cela, le désagrément d'être froids en hiver.

Cependant, la Providence nous soutint dans une crise aussi pénible, et notre gaîté fut à peine obscurcie par quelques nuages.

Chacun se livrait à l'étude, chacun s'était créé des occupations ; le temps était divisé, les heures avaient leur emploi, et on vivait, non dans la monotonie, mais dans l'espérance d'un meilleur avenir. Pour en donner une idée plus complète, je vais succinctement rappeler notre manière d'être dans cette prison.

CHAPITRE XII.

VIE HABITUELLE DES PRISONNIERS. — VISITE DE L'AGA. — DOGMES PRINCIPAUX DES TURCS. — MORT DE L'ADJUDANT-GÉNÉRAL ROSE. — VISITE DE L'ISTAMBOL EFFENDI. — ATTAQUE DES SEPT-TOURS PAR LES LAZES. — ÉVÉNEMENS ARRIVÉS A CONSTANTINOPLE ET DANS L'EMPIRE OTHOMAN, PENDANT LA PREMIÈRE ANNÉE DE NOTRE DÉTENTION.

La vie d'un prisonnier conduit, en général, à une sorte de marasme moral ; ses idées se rétrécissent, et mille petites passions s'éveillent dans son ame. Malheureux, il s'afflige d'un beau jour, du retour du printemps, et, ce qui dispose l'ame aux plus douces émotions, lui devient pénible, parce qu'il ne peut jouir des faveurs que la nature accorde aux hommes..... Mais le travail, l'étude lui offrent leurs consolations; et s'il en profite, son triomphe est certain.

J'ai dit que chacun de nous s'était créé des occupations utiles et agréables; nous pûmes même posséder quelques bons ouvrages, que le drogman de la Porte, M. Suzzo, nous permit de demander à Pera. Mais, ce que nous nous procurâmes, en contravention aux lois de la persécution, qu'on dirigeait contre nous, ce furent des journaux, et la facilité d'entretenir une correspondance avec nos infortunés concitoyens, qui gémissaient dans le bagne. Il ne s'agissait pas là d'intrigues que le poids de l'iniquité aurait rendues légitimes, mais de consolations, d'encouragemens et de communications, que le malheur commun nécessitait. On s'appuyait, on se soutenait mutuellement; on se créait des illusions dont on avait besoin, en se représentant l'avenir embelli par l'amitié, qui devait sécher les larmes qu'on versait alors; enfin, on était soulagé, en espérant qu'on trouverait un jour le prix de tant de souffrances et d'humiliations. Nous avions imaginé plusieurs moyens pour n'être pas découverts dans nos secrètes correspondances; quelquefois nous faisions usage du ministère du drogman de la Porte, qui envoyait nos lettres à leur adresse, sans se douter de ce qu'elles renfermaient, quoiqu'il les lût d'un bout à l'autre; mais, comme ce moyen pouvait être découvert, l'industrie nous en suggéra plusieurs autres, qui nous mettaient à l'abri des revers. Pour nous procurer les journaux, nous avions une malle précieuse qui se démontait pièce par pièce, et dont chaque planche était une cachette impossible à découvrir, à moins d'être initié au secret..... Peu à peu nous étendîmes nos correspondances. Quelques uns de nous purent faire parvenir des lettres jusqu'au fond de l'Asie mineure, où il se trouvait des Français déportés. Il ne se passait enfin guères de semaines, dans un pays où il n'y a pas de poste aux lettres, où l'on ne reçût, aux Sept-Tours, des nouvelles de Brouse, de Nicomédie, de Castambol, de Carahissa, de Césarée de Cappadoce, et de Varna en Europe.

Par quelle magie, étant dépourvus d'argent, pouvions-nous faire tant de choses ? C'est ce que le lecteur me dispensera de lui révéler ; nous avions des amis nombreux, dont le souvenir sera toujours trop cher à ceux qu'ils ont obligés, pour publier jamais leurs noms. Que nos Argus, que les Cerbères du bagne sèchent de dépit, je suis loin de me plaindre dans cette occasion ; ils ont mis trop de zèle à nous servir.

Après avoir travaillé aux heures accoutumées, on se réunissait chez M. Ruffin, pour passer quelques momens, et souvent l'aga intervenait, pour rendre visite au chargé d'affaires. Ses conversations étaient précieuses, et comme c'était un homme pieux, elles roulaient toujours sur quelque sujet de sa religion; non qu'il voulût nous convertir, il ne faisait pas assez de cas des Chrétiens, pour désirer qu'ils embrassassent l'Islamisme; mais il voulait faire voir la bonté de sa croyance. Il parlait de *Jésus* (*Issa Resoul*) avec vénération; et, comme tous les Musulmans, il plaçait dans son paradis, l'âne que montait le divin Messie lors de son entrée dans Jérusalem. Il nous disait que Jésus n'était pas mort, qu'on en avait crucifié un autre à sa place, et qu'il viendrait avec les prophètes Elie et Enoch, pour prononcer le grand jugement, à la fin des siècles. Parfois il nous expliquait la croyance des Mahométans, dont le savant M. d'Hosson nous a donné les dogmes et la théurgie, d'une manière digne de notre siècle. Néanmoins, comme les maximes du bon Musulman sont simples, je les rapporterai, afin qu'on puisse saisir d'un coup d'œil, les bases principales d'un culte qui embrasse la plus grande partie de l'ancien monde. Il nous disait donc:

1°. Il n'y a qu'un seul Dieu.

2°. Mahomet est le prophète et l'envoyé de Dieu.

3°. L'Ancien et le Nouveau Testament furent révélés par Dieu; les Chrétiens et les Juifs les ont corrompus.

4°. Il a substitué à ces deux codes, le Kouran, révélé par Dieu.

5°. Au Kouran, on doit la même obéissance qu'à la parole de Dieu.

6°. Il y a des prophètes ; Jésus-Christ est un prophète, et non le fils de Dieu.

7°. Nos ames font partie de l'essence divine.

8°. Jésus-Christ ne mourut pas en croix ; un autre lui fut substitué.

9°. Jugement universel.

10°. Un paradis éternel, et un enfer qui aura une fin.

11°. Après le jugement, tous les Musulmans damnés seront reçus dans le paradis.

12°. Dans ce lieu de délices, il y aura de belles femmes, on y boira, on y mangera, et on s'y divertira.

13°. Mahomet a été prédit par les Ecritures.

14°. Il n'est pas permis de disputer en public sur la religion mahométane.

15°. Défenses de révérer les images et les statues, qui ne peuvent être que des objets d'idolâtrie.

16°. Précepte de la circoncision, qui n'est cependant pas strictement obligatoire.

17°. Prohibition des jeux de hasard, du vin, des liqueurs fermentées, de la chair de porc, des viandes suffoquées et du sang.

18°. Polygamie et usage des esclaves permis.

19°. Jeûne du Ramazan.

20°. Pélerinage de la Mecque.

21°. Ablutions.
22°. La Résurrection.
23°. Paiement de la dîme.
24°. Défense de l'usure.
25°. Ne point prendre le nom de Dieu en vain.
26°. Souffrir pour Dieu.
27°. Être patient ; faire du bien à ses voisins et aux indigens.
28°. Ne maudire aucune créature.

Ces principes, parmi lesquels il s'en trouve de différens de ceux que nous enseigne la révélation, pourraient cependant suffire pour réunir des peuples errans. Avec quel plaisir de pauvres nomades reçurent l'idée d'un paradis arrosé de fleuves et de torrens délectables, où l'on trouve de la verdure et des houris ravissantes, eux qui sont condamnés à tant de privations, dans un pays brûlé par le soleil ! Qu'on ne soit donc plus surpris des progrès de l'Islamisme.

Mais le fanatisme éloigna, dans la suite, les Musulmans de la simplicité de leur croyance; ils eurent des commentateurs du Kouran, des controversistes, et ils se divisèrent en hérétiques et en orthodoxes. Dès lors ces peuples, tolérans pour tous les cultes, se persécutèrent avec un acharnement qui n'est pas sans exemple.

Si nos soirées s'écoulaient quelquefois dans des entretiens mêlés d'instructions, ainsi que nos journées, nous ne fîmes pas sans éprouver des momens remplis d'affliction. La mort d'un de nos compagnons de captivité, fut une de ces tristes époques.

J'ai dit que l'adjudant-général Rose était atteint d'une maladie qui l'entraînait au tombeau. En effet, dans le mois de brumaire an 8, ou novembre 1799, il termina sa carrière : en vain, après sa mort, le chargé d'affaires, M. Ruffin, s'adressa à la Porte, afin d'obtenir qu'on fît des obsèques honorables à cet officier ; on laissa pendant trois jours ses restes inanimés au milieu de nous. Les églises chrétiennes ne se contentèrent pas d'imiter les Turcs : le clergé de Saint-Mathias refusa non seulement son ministère, mais une bière pour transporter le corps, en disant qu'il souffrirait plutôt la mort que de se mêler des funérailles d'un Français.... Enfin, après avoir presque désespéré d'obtenir un tombeau pour notre camarade, un boïourdi ou décret du caïmacan fut transmis à l'aga des Sept-Tours. Il portait en substance une autorisation de faire enterrer le corps, *d'un Caffre crevé au château impérial des Sept-Tours.* Un des commis du drogman de la Porte vint en même temps, avec quatre portefaix arméniens, enlever le corps, qu'il fit inhumer dans un champ voisin, sur le chemin de Saint-Etienne. A cette époque, où tous les liens de la morale étaient rompus, où nos persécuteurs nous réprouvaient, il ne se trouva pas un ministre chrétien assez généreux pour rendre les derniers devoirs à un enfant de cette religion bienfaisante, qui ne commande que la charité!

Quelle opinion les Turcs pouvaient-ils concevoir des Chrétiens? quelle idée en devaient-ils avoir? Mais oublions ces temps.... Espérons que, pour réparer cette faute, et pour l'exemple, les mânes de l'adjudant-général Rose seront relevés du lieu abject où ils reposent, et qu'ils recevront une juste réparation, en venant se placer dans l'asile de repos, commun aux fidèles!

Peu de temps après cet événement, l'istambol effendi, qui est le lieutenant-général de la police de Constantinople, visita l'aga des Sept-Tours. L'honneur était grand pour une aussi mince seigneurie qu'un disdar: aussi notre commandant le reçut-il de son mieux, et à la tête de sa garde, qui était sous les armes, c'est-à-dire le bâton à la main. Après l'avoir conduit au keosk, où on lui présenta la pipe et le café, enfin, après les complimens d'usage qui se bornent à donner le salut de paix, l'istambol effendi fit distribuer une douzaine de piastres aux soldats des Sept-Tours, et partit. Tout Turc est avare, et le ministre était Turc. Il s'adressa, en sortant, à un pauvre épicier dont il trouva les poids faux, le fit clouer par une oreille à la porte de sa boutique, et le condamna à l'amende de cinquante piastres, qu'il se fit compter, afin de s'indemniser, avec intérêt, des largesses qu'il venait de faire.

Une catastrophe assez sérieuse suivit de près la visite du lieutenant de police. On avait enfermé aux Sept-Tours, par ordre du bostangi bachi, un Laze[1] dont le crime était un assassinat ; peccadille, dans ce pays, aux yeux du peuple. Ses camarades, embarqués sur deux vaisseaux dont l'armement s'était fait dans la mer Noire, et qui étaient à l'ancre sous les Sept-Tours, apprenant le sort réservé à un des leurs qui devait être étranglé dans la nuit, résolurent de le sauver : ils mirent en conséquence pied à terre, et se présentèrent au château. En vain l'aga voulut entrer en négociation, en vain il parla de son artillerie, les portes furent forcées, la garde battue, et les rebelles pénétrèrent dans le château impérial ; une voix s'écria en ce moment qu'il y avait là des Français, des infidèles...... Mais au lieu de se précipiter sur nous, ils ne s'occupèrent que de leur compatriote. A peine l'eurent-ils délivré, à peine eut-il franchi le seuil de la porte, qu'il ne devait plus revoir, qu'ils annoncèrent leur victoire par une décharge générale de leurs armes à feu. Ils remontèrent ensuite à bord, et firent voile pour la Syrie, en poussant des cris de joie.

---

[1] Laze, habitant de la Colchide.

L'aga, qui se trouvait compromis, se rendit aussitôt auprès du caïmacan qui ne fit que rire de cet événement, en disant que les Lazes avaient bien fait d'en agir de la sorte. C'est ainsi que le succès légitime, en Turquie, les choses les plus contraires à l'ordre, et que, dans les affaires majeures, la Porte elle-même finit par s'attacher au parti d'un rebelle, qu'elle avait d'abord combattu.

Depuis cet accident, l'aga et sa garde qui avaient reçu autre chose qu'un avis, ne manquèrent pas de se barricader au moindre bruit de quelque mouvement séditieux : ils mettaient alors leur attention à bien faire étayer les portes avec de grosses poutres; et si le commandant était responsable de nos personnes, il tremblait beaucoup plus pour ses piastres. Une fois tué, on en aurait peut-être ri comme de l'enlèvement du Laze ; mais qui lui aurait rendu son argent, si on se fût contenté de piller sa maison? C'était le plus grand des malheurs qui pouvaient le menacer.

Cependant il montra une étincelle de courage dans une circonstance critique, qui survint quelques mois après. Les haïdouts ou brigands de la Roumilie étaient devenus redoutables: descendus des montagnes de la Macédoine et de la Thrace, leur armée se grossissait tous les jours, et formait une masse de plus de soixante mille hommes. Chaque corps isolé qu'on envoyait pour les combattre passait dans leurs rangs, parce que, d'une part, ils ne pouvaient se mesurer contre des forces supérieures, et que, de l'autre, il y avait plus de profit à être haïdout que soldat du sultan.

La Porte, justement alarmée, prit la résolution de faire marcher un corps d'armée contre les vagabonds, qui n'agissaient que pour le pillage. Suivant l'usage qui consiste à faire passer des soldats d'Europe, si le théâtre de la guerre est en Asie, et des troupes d'Asie en Europe, s'il faut agir dans cette partie du monde, on manda les légions de la Géorgie. Elles étaient conduites par Bétal pacha, et on se promettait les plus grands succès des opérations qu'elles allaient entreprendre. Elles effectuèrent leur passage à l'endroit où Xénophon fit traverser le Bosphore aux Dix Mille, c'est-à-dire à Hissar [1].

Le pacha de Nicomédie devait, avec des forces considérables, se joindre au chef des Géorgiens. Comme il avait débarqué en Europe, à l'orient de Constantinople, il prétendit loger aux Sept-Tours : l'aga s'y refusa, en disant qu'il avait des hôtes ou moussafirs ; enfin, l'affaire allait devenir sérieuse..... lorsque la Porte intervint pour engager le pacha à s'établir hors des murs de la ville, suivant les usages reçus. Il obtempéra ;

---

[1] Hissar est l'endroit le plus étroit du Bosphore. Mahomet II y passa également d'Asie en Europe.

mais s'il eût voulu, je ne doute pas que la victoire ne lui fût restée, car c'est le plus fort qui commande, jusque dans la ville où le sultan règne.

Pour suivre les événemens mémorables de cette année, je dois ajouter que ce même pacha de Nicomédie, s'étant mis en campagne sans se réunir à Bétal pacha, fut complètement battu par les rebelles, qui lui prirent son artillerie et ses bagages : ses troupes l'abandonnèrent en même temps, et passèrent dans le parti des vainqueurs. Mais, attribuant ses défaites au destin, il crut pouvoir se montrer à Constantinople. Le premier accueil qu'il reçut du vezir fut de nature à le consoler; il le revêtit d'une pelisse de seymour, l'appela son frère, et l'invita à venir se prosterner devant le sultan. Le pacha de Nicomédie, transporté de joie, se rendit aux avis du caïmacan, et le suivit à la porte. Ils avaient déjà passé la première cour, lorsque des bourreaux, qui l'attendaient sous les guichets de la seconde porte, fondent soudain sur lui, l'étranglent et coupent sa tête, qui figura, un moment après, à cette même porte qu'il venait de passer plein de joie et d'espérance. Le caïmacan, courbé aux pieds de son maître, reçut des louanges flatteuses, pour avoir attiré dans le piège un pacha dont on voulait se défaire.

C'est ainsi qu'un gouvernement faible a besoin

de recourir aux plus honteux stratagêmes, pour punir ceux qu'il redoute, et pour se soutenir.

Cette année vit conclure un traité qui donnait une existence politique à la république dés Sept-Iles, en les rangeant sous la protection de la Porte Othomane. Cet acte, sur lequel je ne me permettrai aucunes réflexions, renfermait, suivant l'usage, une longue série d'anathêmes contre ce qu'on appelait *les principes français ;* ce qui équivalait au nom de *maximes révolutionnaires.* Le temps révèlera quels étaient les novateurs : il démasquera ceux qui méditaient l'insurrection de la Grèce ; enfin, il fera connaître les véritables amis de la Porte et des Grecs eux-mêmes, destinés encore une fois à être victimes de leur enthousiasme ! Mais n'anticipons point sur des événemens environnés des ténèbres de la politique, et rentrons dans nos fonctions de narrateur.

CHAPITRE XIII.

TABLEAU DE CONSTANTINOPLE.

Après avoir décrit les Sept-Tours et la vie des prisonniers, je vais porter ma vue sur un plus vaste horizon; je vais donner une idée du tableau que présente Constantinople.

Cette ville, l'honneur des plages qu'elle commande, la gloire du monde, si elle était habitée par un peuple civilisé, est trop connue pour que je détaille de nouveau sa topographie et le luxe de sa perspective. Plusieurs voyageurs ont parlé de ses monumens, d'autres ont écrit les mœurs des Turcs; mais aucun n'a tracé, je pense, la physionomie essentielle de la ville, telle que je la présente.

Etonné de la beauté de Constantinople et de la magnificence de son port, d'autres sentimens s'élèvent dans l'ame de l'observateur, dès qu'il pénètre dans son intérieur. Fatigué de l'inégalité du terrain de ses amphithéâtres si beaux en perspective, il ne trouve que des rues étroites, sans pavé, remplies de poussière ou de boue; par-tout des portes fermées et un silence étonnant, que les cris du peuple ou de l'industrie ne viennent point interrompre. Dans les endroits consacrés au commerce, à peine, au contraire, peut-il respirer : c'est là où les flots de la multitude se poussent, se heurtent, mais sans bruit, et sans le fracas inséparable des marchés de nos pays, et des assemblées européennes. Si le voyageur entre dans les bezestins, quelle immense quantité de richesses et de marchandises étalées sans ordre et sans goût, se présentent à sa vue! Ici pourtant l'insouciance s'est éveillée: on a pris des mesures contre les incendies. De hautes murailles, des portes en fer, des voûtes solides, ont transformé des magasins publics, en de petites villes, au sein de Constantinople même, et les ont mis à l'abri des malheurs du feu, et des premiers efforts d'une révolte. Mais ces lieux, avec ces avantages précieux, ne sont pas sans de grands inconvéniens, dans les temps de peste.

Le Turc qui y étale les schalls précieux des Indes, les armes, les bijoux, les diamans les plus rares, n'est plus là comme dans un magasin obscur; ses mouvemens, ses calculs sont en évidence!.... Il semble qu'il ne s'en inquiète pas; et il ne met pas même d'empressement à vendre! Incapable de surfaire, il retire, sans mot dire, la marchandise dont on lui offre un prix inférieur à sa demande. Il semble assis dans son comptoir, plutôt pour obliger que pour s'enrichir; et il est assez ordinaire de le voir quitter sa boutique, sans en laisser la surveillance à personne. Dans ce bezestin, où tout pique la curiosité, on voit, à côté du Turc flegmatique, le Grec industrieux et actif, l'Arménien probe et réfléchi, et le Juif avide, qui exercent leurs talens, et déploient leur industrie! Que de ressources! quelles nuances ces caractères opposés présentent à la fois!

Un Turc qui vend d'un air de protection; le Grec délié qui se défend sur le prix de ce qu'il propose, en faisant valoir les ruses de son esprit naturel, et en prenant le ciel à témoin de sa probité et de son désintéressement; un Arménien occupé à peser ses bijoux, son or, son argent, et à établir froidement ses spéculations, en portant même ses regards vers les chances de l'avenir; tandis que le Juif achète, vend, offre sa médiation dans les affaires, est tout activité, tout attention, sans que le mépris ou l'aversion qu'il inspire puisse le rebuter; il ne répond même aux injures, aux vexations, aux injustices, que par des signes de soumission et des paroles suppliantes : tel est le coup d'œil des marchands dans un bezestin. Qu'on y ajoute l'aspect varié des rues, où sont distribuées tant de boutiques différentes, l'odeur des parfums qui s'exhale au loin, et on aura une idée complète de ces vastes dépôts.

Qu'on évite pourtant d'en approcher, dans ces jours de calamité où la peste afflige cette vaste cité ! C'est là sur-tout où elle exerce ses ravages ; disons mieux, c'est de ce lieu qu'elle sort, quand la température favorise son développement ; car ses miasmes y reposent dans les pelisses et les fourrures des personnes mortes de l'épidémie, que les Orientaux y entassent, sans penser aux maux qui en résulteront.

Si, de ces lieux, on vient visiter un autre marché, où l'homme ne rougit pas de vendre la plus belle et la plus intéressante moitié du sexe ; si de là, dis-je, on passe au bazar des femmes, un spectacle singulier offre encore des sujets de méditations.

Qu'on se figure un vaste bâtiment carré, environné de portiques, ou plutôt d'un hangar qui règne sur tous les côtés, ayant une cour au milieu, et on aura le plan du bazar des femmes de Constantinople. Sous les portiques, où s'ouvrent les portes des logemens des esclaves, règne un banc adossé au mur, et quand il pleut, on les expose en vente sous cet abri !

Le jour où je pénétrai dans ce lieu, comme il faisait très-beau, je vis les esclaves, au milieu de la cour, assises sur des nattes, les jambes croisées, et divisées par groupes de quinze. Les vêtemens de bure blanche qui les couvraient, annonçaient leur triste condition ; mais elles étaient loin d'en paraître affectées, car elles riaient et babillaient avec assez de bruit, pour qu'on eût peine à s'entendre : celles qui étaient assises sous le portique, où l'on commençait à les faire entrer, à cause que le soleil descendait dans la cour; celles-là, sur-tout, étaient joyeuses et chantaient. Elles ne me parurent pas généralement belles, et quoiqu'elles fussent bien trois ou quatre cents, je n'en vis parmi elles aucunes qui méritassent la haute réputation des Géorgiennes et des Circassiennes. C'étaient, pour la plupart, de grosses femmes, dont la peau etait d'un blanc mat, et j'en remarquai quelques unes qui avaient des yeux bleus et des cheveux blonds. Les Turcs qui venaient les marchander, rôdaient de groupe en groupe, leur faisaient ouvrir la bouche, regardaient leurs mains, et les examinaient comme on fait des animaux. Je me disposais à les suivre; déjà j'étais au milieu de la cour, lorsqu'un des gardiens, le poignard à la main, vint, en jurant et me traitant d'infidèle, m'ordonner de sortir. A une semblable sommation, il n'y avait pas de réplique, et j'obéis; j'appris dans la suite qu'il fallait un ferman spécial de la Porte pour pénétrer en cet endroit; mon imprudence m'en tint lieu et me servit, comme dans plusieurs circonstances.

De ce bazar, on porte naturellement ses pas à Sainte-Sophie, pour acquitter le tribut d'admiration que tout étranger doit à ce monument, dont tous les voyageurs ont tant et si bien parlé, qu'il ne reste plus rien à en dire.

En payant un imam, on obtient sans peine l'entrée des galeries de Sainte-Sophie, et on peut à son aise contempler cette basilique, dont les marbres précieux font le plus grand mérite. Les Grecs de l'empire n'en parlent pourtant qu'avec une sorte d'engouement, qui la placerait au dessus des sept merveilles du monde; et ils ont encadré, dans un cantique vulgaire, les détails des richesses qu'elle renfermait autrefois. Le poëte, qui était quelque bon papas, qui vivait vraisemblablement au temps de la prise de Constantinople par Mahomet II, nous a transmis que Sainte-Sophie avait dix-huit cloches et quinze cresselles, pour appeler les fidèles aux offices; qu'elle était desservie par cinquante-deux archiprêtres et par trois cent deux prêtres, vingt-quatre diacres, cinquante chantres, et quarante-deux confesseurs. Il entre ensuite dans quelques détails relatifs aux candélabres de vermeil, aux encensoirs et aux croix d'or, qu'on mit en sûreté; mais il ne parle pas du luxe des décorations, de la beauté de l'architecture, dont ce qui reste est encore digne d'admiration. Il aurait pu récapituler les rentes considérables de cette basilique, qui étaient fondées sur les revenus de douze cents boutiques, que Constantin et Anastase y avaient attachés, et qui forment maintenant la dotation des imams.

Après avoir visité la mosquée de Sainte-Sophie,

on voit encore avec plaisir celles de sultan Achmet, et la Suleymanie, monumens qui tous ont reçu des descriptions particulières, et que le crayon a répandus dans l'Europe savante.

CHAPITRE XIV.

SUITE DU TABLEAU DE CONSTANTINOPLE. — DÉTAILS D'UN REPAS DU PAYS. — KEBADGIS OU RÔTISSEURS. — CAFÉS. — TÉRIAKIS. — SULEYMAN YEYEN.

Suivre le même objet, serait fatiguer le lecteur; j'interromprai donc le fil de ma narration, pour récapituler les principaux mets en usage à Constantinople, ainsi que les poissons, le gibier, les fruits qui sont admis comme alimens; enfin, je décrirai le genre de vie commun aux Orientaux. Cette partie, considérée sous le point de vue de la diététique, aura un intérêt particulier : j'éviterai de répéter ce que j'ai dit à ce sujet dans la première partie de mon Voyage.

Je commence par le régime d'un ménage musulman. Il y a ordinairement, dans chaque maison turque un peu aisée, trois tables séparées, savoir, celle du chef de famille, qui prend habituellement son repas seul, la table des enfans qui, par respect pour le père, ne mangent point avec lui ; et celle de la femme, qui vit isolée dans son appartement. Dans les harems où il y a plusieurs femmes, chacune d'elles a son couvert particulier, et toutes ces tables ne peuvent pas recevoir plus de quatre ou cinq personnes.

Le Turc divise sa nourriture en deux repas, et l'homme puissant, qui vit dans la mollesse, y ajoute, dès le matin, un léger goûter. Comme tous sont dans l'habitude de se lever dès l'aurore, celui-ci, nonchalamment étendu dans l'angle d'un sopha, après son court namaz ou prière, frappe dans ses mains pour appeler l'esclave qui lui apporte sa pipe. Il savoure à longs traits la fumée de ce nectar, qu'il brûle avec des parcelles d'aloès, et reste, sans parler, absorbé dans une profonde nullité ; on l'arrache à cet état pour lui présenter une légère infusion de café Moka bouillant, dans lequel le marc porphyrisé reste suspendu, et il le boit en aspirant doucement sur le bord de la tasse.....; ses jambes croisées, sur lesquelles il est assis, lui refusent presque leur secours ; il invoque les bras de deux domestiques pour se soulever. Ses vêtemens amples, le coussin sur lequel il existe, la volupté du harem, l'excès prématuré des plaisirs, l'ont énervé... Il dit, comme l'Asiatique son voisin : *Ne rien faire est bien doux ; mais, mourir pour se reposer, c'est le bonheur suprême.*

La matinée de l'homme opulent s'écoule de cette manière, ou en roulant machinalement entre ses mains son *tchespi*[1]. Vers le milieu du jour, on apporte le dîner. La plus grande simplicité règne dans le service ; on ne voit sur la table ni nappe[2], ni fourchettes, ni assiettes, ni couteaux; une salière, des cuillères de bois, d'écaille ou de cuivre, et une grande serviette d'une seule pièce, qu'on fait circuler sur les convives, forment l'appareil. On distribue le pain coupé par bouchées, et on garnit le plateau de cinq ou six plats de salade d'olives, de cornichons, de céleri, de végétaux confits au vinaigre, et de confitures liquides. On apporte ensuite les sauces et les ragoûts dont j'ai parlé ailleurs, et le repas se termine par le pilaw. En aucune circonstance on ne fait usage de dessert, les fruits des différentes saisons tiennent lieu de hors-d'œuvres, et chacun mange à son gré pendant le dîner. Quinze minutes suffisent pour se rassasier, et le repas est un travail pour l'indolent, qui semble l'avoir fait en cédant à la nécessité, plutôt que par plaisir.

Les boissons, dont on ne fait usage qu'après avoir mangé, sont l'eau et le scherbet, qu'on présente à la ronde dans un verre de cristal, qui est

---

[1] Sorte de chapelet dont les Musulmans se servent comme de passe-temps.

[2] La table se met sur la nappe.

commun à tous les convives; le vin, proscrit en apparence, ne se boit que dans les tavernes. Ce n'est pas qu'on ne fasse mention, dans l'Histoire turque, de plusieurs sultans qui ont donné l'exemple public de cette violation du Kouran; mais, depuis les édits sévères de Mourad IV, ses successeurs ont au moins sauvé les apparences. Il n'y a que les derviches ou moines, les soldats, les marins, une partie de la bourgeoisie et du bas peuple, qui donnent le scandale de l'ivrognerie.

L'après-midi, le Turc riche passe son temps dans un keosk bien aéré. Celui qui habite les rives du Bosphore aime que sa vue plane sur les sites agréables de l'Asie, où reposent ses pères [1]. Il contemple cette terre, comme celle qui doit un jour servir d'asile aux Musulmans [2], *lorsqu'une nation d'hommes blonds les auront chassés d'Europe.* Il s'enivre d'odeurs, des vapeurs de la pipe, et se rafraîchit avec le scherbet parfumé de musc, que ses esclaves lui versent. Éloigné ensuite de toute société, il appelle ses femmes, et, sans déposer rien de sa gravité, il leur commande de danser en sa présence!

Le souper qui est servi sur les tables, au cou-

---

[1] Les Turcs riches de Constantinople se font ordinairement enterrer en Asie.

[2] Idée populaire que les Turcs regardent comme une prophétie.

cher du soleil, est composé avec plus de soin que le dîner, mais il se passe avec autant de célérité. La pipe termine la journée, dont le cercle monotone n'admet presque jamais de variété, ni de ces accessoires qui font le plaisir de la vie, par la nouveauté.

Le peuple de l'Orient est loin de jouir d'une existence semblable. Ses alimens sont grossiers, et en général malsains. En été, il renonce presque à l'usage du pain, pour ne faire sa nourriture que de courges, de melons et de fruits froids et aqueux. Cette époque est aussi constamment celle des épidémies les plus effrayantes. C'est alors que la peste exerce ses ravages sur des corps affaiblis par des sueurs abondantes, et qui ne sont pas restaurés par une nourriture capable de réparer les pertes habituelles. Cette assertion, établie sur l'expérience, peut servir à constater le retour de la fièvre épidémique, que de fausses observations représentent comme exerçant continuellement ses ravages dans la capitale de l'Orient.

Il est de fait que, dans une année de fruits, quand le pain est cher, cette année sera funeste au peuple, si la température chaude et humide vient favoriser le développement des effluves pestilentiels. Telle fut la constitution atmosphérique de 1786, qui, réunie aux circonstances citées, désola Constantinople par une peste épouvantable.

Le café n'entre pas dans le tableau des privations que le peuple éprouve. Cette boisson, ainsi que la pipe, est d'un usage général. Les Turcs font excès de fumer : et cet usage, qui ne date en Orient que de 1605, est le besoin même de l'enfance. Celles d'entre les femmes qui ne sont pas adonnées à la pipe, se plaisent à mâcher le mastic de Chio, qui donne à l'haleine une odeur de violette; mais, l'excrétion considérable de salive que sa mastication provoque, nuit aux fonctions digestives.

Telle est sommairement la manière de vivre d'un Oriental, dont la sobriété offre un contraste frappant avec le repas somptueux des peuples énergiques du Nord.

La table d'un Européen qui vit à Constantinople, présente une autre variété que celle d'un Turc. Pour composer son repas, le Franc fera servir le vin rouge de Ténédos, et ceux de l'Asie; et il pourra varier, selon le temps, les fruits rares et délicieux qui abondent dans les marchés.

On lui présentera, aux époques où la nature les donne, des cerises du Pont, des pêches énormes, des abricots, des prunes, des pommes de Sinope, des poires, des figues du Bosphore, des oranges, des limons, des cédrats de Chio, des dattes de l'Asie ou de l'Egypte; car, la navigation, en apportant le tribut des provinces, pourrait rendre Constantinople le séjour des Sybarites.

Les principaux gibiers comptés au nombre des alimens, sont communément les perdrix, les lièvres, les faisans qui se trouvent dans les forêts de Belgrade ; les gélinottes, les sangliers, les faisans et les lapins des îles des Princes. Dans l'arrière-saison, les becfigues, les cailles viennent augmenter les ressources ; toutes les espèces de volailles foisonnent dans les marchés publics ; mais les Turcs, au lieu de les engraisser, se contentent de faire passer l'air dans le tissu cellulaire, en les soufflant, afin de les faire paraître grasses et d'en imposer à l'acheteur. Le bœuf de la Thrace commence à devenir d'un usage plus général ; le mouton de Caramanie à queue triangulaire, fournit une chair fade ; mais les troupeaux qui paissent sur les coteaux de la Macédoine, au delà de la Thessalie, donnent une viande succulente et recherchée. Si on énumère les poissons et les coquillages, on trouvera le turbot, le maquereau, les soles, les rougets, les hirondelles de mer, les éperlans ; les loups de mer, la palamide, les xiphias. Les Turcs préfèrent à ces poissons, les carpes salées du Don, que les Moscovites leur vendent, ainsi que les xiphias, qu'ils leur apportent tout préparés.

Les coquillages ne sont pas moins abondans sur ces plages, où les huîtres de Couroutchesmé, les crevettes, les moules, les homards, les poupards, les oursins de plusieurs formes, sont délicieux; mais les Francs et les Grecs sont les seuls qui en fassent usage, car les Turcs rejettent de leur cuisine tous les coquillages.

Les jardins, si on en excepte les petits pois, l'oseille, et les asperges, renferment tout ce que nous connaissons dans nos pays. Ils fournissent, de plus, des gombos qu'on mêle avec les ragoûts; des pommes d'amour d'une agréable acidité; des pimens, que le peuple recherche avec avidité, ainsi que des melongènes de toutes les formes: la plupart de ces denrées viennent aussi de l'Asie et des îles.

C'est de ces jardins naturels de Bysance, qu'on voit aborder dans son port des flottes entières de caïques chargés de fruits odorans. Smyrne, Chio, Brousse en Bithynie, envoient un raisin long sans pepins. Nicomédie, Chalcédoine, Scutari, fournissent le raisin muscat connu sous le nom d'*uzum tchiaoux*, supérieur à nos chaselas les plus exquis, dont on jouit long-temps, et que les Grecs, par un procédé simple, conservent frais pendant plusieurs mois.

La Morée fournit ses olives noires, ses anchois, ses sardines salées. Enfin, rien ne manquerait pour satisfaire le goût, dans cette grande ville, si l'homme savait disposer convenablement des trésors qui l'environnent. Avec des soins, on naturaliserait plusieurs végétaux qui manquent; on introduirait la culture de la pomme de terre, on planterait des groseilliers qui ne se trouvent que comme objet de curiosité dans les jardins de quelques ministres; on apprendrait aux paysans à faire du beurre, quoique l'huile délicieuse qu'on possède et qu'on apporte de toutes parts, puisse le suppléer avantageusement; mais au moins on n'aurait plus ce mauvais beurre mêlé de graisse, le seul qu'on trouve à Constantinople. On ferait d'excellens fromages, au lieu de ceux que le peuple mange, qui sont imprégnés d'une saumure brûlante; enfin, en donnant plus d'attention aux troupeaux, il sortirait chaque jour, des environs de Belgrade et de Scutari, une quantité considérable de lait, dont l'usage pourrait augmenter les moyens d'existence de toutes les classes de la société. Les besoins de la vie, je le sais, ne sont pas aussi grands pour un Oriental, naturellement sobre, que pour un homme du Nord : le coup d'œil de la ville en est une preuve. On ne voit que quelques marchands de gâteaux, et les restaurateurs sont simplement des kébabdgis ou rôtisseurs. Ces *artistes* ne connaissent que la manière de rôtir du mouton à la brochette, et ils le font au moyen d'un four économique, qui cuit les tranches de mouton en peu de minutes. Les étrangers s'accordent à trouver ce mets des plus délicieux du pays, et je suis parfaitement de leur avis.

Quelques derviches, des hommes indolens qui abhorrent le travail, semblent mesurer leur appétit sur ce qu'ils possèdent : on en voit qui passent une demi-journée avec une tasse de café à l'eau, et quelques pipes de tabac. Aussi les cafés sont-ils le rendez-vous des oisifs : on y fume, on y parle politique, et on y raconte des histoires ; des moines vagabonds, ou calenders, y chantent des cantiques ; dans quelques uns de ces cafés on rase la tête, ou bien on fait la barbe. Avec ces avantages, ces cafés, remplis de charmes pour un Oriental, sont, pour un étranger, un séjour d'ennui.

Il est pourtant encore des hommes qui vivent à meilleur marché que ceux dont je viens de parler : étrangers aux plaisirs de la table, une pillule d'opium les soutient, les enivre, les jette dans des extases ravissantes, dont ils vantent le bonheur. Ces hommes, connus sous le nom de thériakis, dont M. de Toth et plusieurs autres ont parlé, sont plus décriés que les ivrognes, et je ne pourrais dire si cela tient à une plus grande dissolution de mœurs.

Les derviches, les oulemas, les oisifs en un mot, sont ceux qui font le plus ordinairement usage d'opium.

Ils commencent d'abord par un demi-grain de

cette substance, et vont en augmentant la dose, dès qu'ils s'apperçoivent qu'elle ne produit plus l'effet qu'ils désiraient : ils ont soin de ne pas boire d'eau, car ils seraient tourmentés de violentes coliques. Celui qui, à l'âge de vingt ans, prend l'habitude de l'opium, ne pousse guères sa carrière au delà de trente ou trente-six ans. Au bout de quelques années, la dose est déjà de plus d'un gros : alors la pâleur de la face, la maigreur extrême annoncent l'état de cachexie; mais ce n'est que le prélude d'un marasme général, qui ne peut être comparé qu'à lui-même ; l'alopécie, la perte totale de la mémoire, le rachitisme, sont constamment les suites de cette fâcheuse habitude, qu'aucunes considérations ne peuvent faire abandonner. La certitude de la mort, les infirmités qui la précèdent, sont incapables de corriger un thériaki : il répond froidement à celui qui l'avertit du danger qui le menace, *que son bonheur est incomparable, quand il a absorbé sa pillule d'opium.* Veut-on lui faire définir cette félicité surnaturelle ? il se renferme dans sa réponse, qu'elle est impossible à peindre, que le plaisir ne peut se définir.

Toujours hors d'eux-mêmes, les thériakis sont peu propres au travail ; ils semblent ne plus appartenir à la société. Pourtant, vers la fin de leur vie, ou plutôt de cet état de stupeur dans lequel ils sont plongés, ils éprouvent des douleurs atroces et une faim continuelle : ils sont tourmentés par un satyriasis incommode, ils ne peuvent assouvir leurs désirs, ils ressentent des maux que leur parégorique ne peut même plus flatter ; et, devenus hideux, déformés par de nombreux périostoses, privés de leurs dents, les yeux presque éteints au fond des orbites, agités d'un tremblement involontaire, ils cessent d'exister longtemps avant d'avoir fini de vivre !

Tels sont les effets de l'opium chez ces malheureux, qui se rassemblent tous les jours dans un quartier de Constantinople, voisin de la Suleymanie : il serait curieux de voir les désordres intérieurs des hommes morts de ces excès ; et l'autopsie cadavérique révèlerait, je n'en doute pas, des choses importantes. Je doute qu'on puisse jamais satisfaire sa curiosité sur ce point ; car les Musulmans ont des idées bien éloignées des nôtres. Malheur à celui qui serait surpris violant un tombeau ! je ne doute pas que la ville entière ne s'insurgeât à cette seule nouvelle, qui serait, pour les Turcs, une plus grande catastrophe que la perte d'une province ; tant les usages sont sacrés parmi eux.

On citait de mon temps, parmi les thériakis, un phénomène de longévité, qui fait exception à la règle commune, et que je me garderais de rapporter, si le fait n'était attesté par des personnes dignes de foi, qui vivent encore, et dont quelques unes même se trouvent actuellement à Paris. Je veux parler d'un thériakis que tout Constantinople connaissait encore en 1800, sous le nom de *Suleyman yeyen*, ou *Suleyman le preneur de sublimé corrosif.* A l'époque où je me trouvais dans cette ville, on donnait près de cent ans à ce vieillard, qui avait vu les sultans Achmet III [1], Osman, Mahmoud, Moustapha III, Adoulhamid, et Sélim III, régnant. Il s'habitua dans sa jeunesse à prendre de l'opium, et, malgré l'augmentation progressive des doses, il finit par n'en plus éprouver la jouissance qu'il désirait, qu'il chercha dans l'usage du sublimé, dont il avait entendu vanter les effets. Depuis plus de trente ans, ce vieillard ne cessait d'en prendre chaque jour ; et, en 1797, la dose quotidienne excédait une drachme, ou gros. On dit qu'à cette époque, étant entré chez un apothicaire juif, il lui demanda un gros de sublimé, qu'il avala sur-le-champ, après l'avoir délayé dans un verre d'eau. Le pharmacien effrayé, et craignant qu'on ne l'accusât d'être l'auteur de l'empoisonnement de ce Turc, ferma aussitôt sa boutique, en se désolant sur ce qui venait d'avoir lieu. Mais sa surprise fut grande lorsque, le lendemain, le Turc vint

---

[1] Achmet III monta sur le trône en 1703. Sous son règne, on reconquit la Morée, on perdit Belgrade, Varadin, et Témisvar.

lui demander une pareille dose de sublimé!!!
Je me proposais de rechercher cet homme, lorsque j'obtins ma liberté; mais des circonstances qui m'entraînèrent dans des affaires importantes, m'empêchèrent de vérifier un fait que je ne peux révoquer en doute, quand toutes les voix s'accordent pour l'affirmer, et lorsqu'il m'a été assuré mille fois par MM. Ruffin et Dantan.

CHAPITRE XV.

SUITE DU TABLEAU DE CONSTANTINOPLE. — COSTUMES. — LOIS SOMPTUAIRES. — NOMS DES PEUPLES QUI HABITENT LA VILLE. — CORPS DE MÉTIERS.

Une observation que je n'ai vue consignée nulle part, me disait plaisamment M. R.... et qui méritait bien une place dans une relation, serait une considération sur les têtes de Constantinople; car, outre qu'elles sont parées de turbans et de coiffures qui varient suivant les professions, et selon qu'on est Musulman ou Chrétien, (coup d'œil qui offre une richesse inépuisable aux crayons de l'artiste) c'est la dureté de ces têtes qui est notable. Un homme est-il poursuivi par la garde, qui l'arrête en lui lançant adroitement dans les jambes un bâton qui le fait tomber ? les janissaires, en fondant sur le prévenu, ne manquent jamais de lui assener, sur la tête, un coup de leur sope ou bâton. Après l'avoir ainsi étourdi, ils passent un de ces mêmes bâtons dans la ceinture, qui lui serre les flancs, et ils le transportent, suspendu en lustre, dans la prison où ils l'enferment. Là, sans soins, sans secours, il guérit ordinairement en deux ou trois jours. Cette remarque, minutieuse en apparence, conduit à confirmer l'observation faite plusieurs fois de la guérison rapide des plaies de tête dans les climats méridionaux.

Dans les derniers temps de mon séjour à Constantinople, ces sortes de scènes étaient plus que jamais fréquentes, car on ne cessait de publier des ordonnances somptuaires. Il s'agissait de masquer le bruit des défaites qui se multipliaient, en occupant le peuple à des bagatelles auxquelles on donnait la plus grande importance, puisque, pour les contrevenans, on infligeait la peine de mort ou l'amende.

On restreignit, par un édit somptuaire, la longueur des collets des *féredgés*, ou dominos des femmes ; on ordonna que chacun porterait le bonnet de sa profession ; et les Grecs reprirent le calpak en feutre. On ne parlait que de faire revivre les costumes anciens, et, au bout de huit à dix jours, les ordonnances tombaient, et s'oubliaient, après avoir coûté la vie ou la bastonnade à quelques hommes pris en contravention.

Ce fut pourtant une chose piquante de voir les peuples qui habitent Constantinople, rendus aux costumes de leur pays, ou des différentes professions qu'ils exercent; car, les professions, les métiers sont, à Constantinople, l'apanage de certaines nations de l'empire, qui forment des corporations souvent riches et importantes. Comme elles ne varient point dans la direction de leur industrie, je croirai faire une chose utile d'en donner ici une liste, et rendre service au voyageur, en plaçant pour cela, sous ses yeux, le tableau des arts et métiers de Constantinople, avec la désignation des nationaux qui les exercent, chose importante pour savoir avec qui on traite.

TABLEAU INDUSTRIEL.

Les cafetiers sont tous Turcs : quand le café est tenu par des barbiers, quelques uns de ceux-là sont Grecs.

Les vitriers.	Turcs.
Les tanneurs.	Idem.
Danseurs de corde.	Idem.
Maréchaux.	Idem.
Cochers.	Idem.
Relieurs.	Idem.
Graveurs.	Idem.
Pompiers.	Idem.

Selliers.	Turcs.
Layetiers.	Idem.
Cordiers.	Idem.
Couverturiers.	Idem.
Dentistes.	Idem.
Peintres barbouilleurs.	Idem.
Cordonniers.	Turcs et Arméniens.
Pionniers.	Idem.
Faiseurs de cahouks.	Idem.
Tailleurs de marbre pour les tombeaux.	Idem.
Tourneurs.	Idem.
Serruriers.	Idem.
Chaudronniers.	Idem.
Porteurs d'eau. (Saka)	Idem.
Armuriers.	Idem.
Menuisiers.	Idem.
Meuniers [1].	Idem.
Scherbetgis.	Turcs, Arméniens et Juifs.
Fileurs de soie.	Idem.
Droguistes.	Des quatre nations.
Chirurgiens.	Idem.
Marchands de tabac à fumer.	Idem.
Bateliers.	Idem.
Pêcheurs.	Idem.

---

[1] Cette corporation est riche et privilégiée.

À CONSTANTINOPLE.

Les Juifs ne se servent jamais que des Juifs, et concentrent toujours, autant que possible, leurs profits entr'eux.

Médecins.	Turcs, Grecs, Juifs, Arméniens et Francs.

Il y a un achim bachi Turc, ou archiatre devenu médecin par la grace du grand seigneur, qui lui donne l'investiture de cette charge, comme il crée un donneur de pipes général d'armée; mais il n'est en rien chargé de la santé de son maître, qui est confiée à des hommes de l'art qui ont étudié en Europe.

Apothicaires.	Turcs, Grecs, Juifs Francs.
Boulangers.	Arméniens, Albanais, Turcs.
Confiseurs.	Juifs et Turcs.
Parfumeurs.	Arméniens juifs.
Joueurs de gobelets.	Juifs.
Luthiers.	Grecs et Turcs.
Orfèvres.	Arméniens, peu de Grecs.
Pelletiers.	Grecs, (corporation riche.)
Architectes.	Arméniens et Grecs.

Ce sont des Arméniens qui ont bâti les mosquées impériales de Constantinople.

Teinturiers.	Arméniens et Grecs.

Tisserands. Cet art est exercé par des femmes.

Les estimateurs employés à la douane, ainsi que les courtiers, (ou sansales) sont tous des Juifs.

Les cabaretiers.   Grecs.
Distillateurs.   Idem.
Marchands de tabac à
    priser.   Idem.
Rubaniers.   Lazes et Arméniens.

On trouve ensuite certaines nations de l'empire, presque exclusivement en possession d'une branche spéciale d'industrie.

Ainsi, les Albanais chrétiens sont tous maçons, bouchers, marchands de foie [1], et les Albanais mahométans sont en général garçons de bains, charpentiers et épiciers.

Les habitans de Chio sont drapiers, marchands de chaussons, de bonnets, de mastic, de citrons, d'oranges, de figues, et des productions de leur pays.

Les Candiotes sont négocians, navigateurs, marchands et fabricans de savon.

---

[1] On fait tous les jours une distribution, aux frais du gouvernement, des intestins des animaux, pour nourrir les chiens vagabonds, et les chats, qu'on voit accourir aux cris du iergi, ou marchand de foie.

Les Barbaresques vendent les fils, les couvertures de laine, et sont marins.

Les Arabes, Egyptiens, sont palefreniers et plongeurs; ceux des autres pays vendent des châtaignes, des dattes et des pâtisseries.

Syriens.	Marchands d'étoffes et de pistaches.
Alepains.	Marchands d'étoffes des Indes.
Smyrniens.	Marchands de fruits confits.
Lazes.	Calfats, matelots, bateliers, porte-faix.
Bulgares.	Bergers, charretiers, laboureurs.
Valaques.	Bonnetiers, marchands de fourrures et de suif.
Géorgiens et Circassiens.	Marchands d'esclaves.

J'omets ici une infinité de petites nations qui diffèrent de mœurs et de langage, au milieu de cette grande ville, dont le tableau ne peut être comparé à celui des capitales de l'Europe.

CHAPITRE XVI.

FIN DU TABLEAU MORAL DE CONSTANTINOPLE. — RÉCRÉATIONS DES TURCS. — DANSEURS. — YAMAKIS. — TABAGIES. — IVROGNES PRIVILÉGIÉS. — COUPS DE CANON DE MINUIT. — INCENDIES.

UN Européen qui n'a pas vu Constantinople, peut-il se faire une idée d'une ville où le peuple, toujours grave et sérieux, ne connaît ni les promenades, ni les spectacles, ni les danses, en un mot, aucune de ces réunions qui embellissent l'existence, en y apportant de la variété ? Si on en excepte les fêtes du Baïram, où les Musulmans suspendent leurs travaux, et se donnent le plaisir d'aller s'accroupir sur quelques hauteurs pour fumer, et jouir d'un point de vue agréable, on les trouve constamment occupés. On ne peut pas dire, à la rigueur, qu'ils aient un spectacle; car il n'est pas permis de donner ce nom à des scènes indécentes de marionnettes, que ces hommes, si jaloux de leurs femmes, font représenter dans leurs familles.

« Le héros de la pièce, dit M. L. B. Sevin, dont
» j'emprunte les paroles, est un infâme, nommé
» *Carágueuse*, qui paraît sur la scène avec tout l'é-

» quipage du fameux dieu de Lampsaque. Il se ma-
» rie au premier acte, et consomme son mariage
» en présence de l'honnête assemblée; au second
» acte, sa femme accouche, et l'enfant, sur-le-
» champ, fait avec son père un dialogue très-or-
» durier. Succède le troisième acte, dans lequel
» *Caragueuse* prend l'habit de derviche ; et, im-
» médiatement après sa profession, vient un épou-
» vantable dragon qui l'avale, lui et toute la com-
» munauté. Enfin, le monstre, ne pouvant digé-
» rer un si mauvais repas, rend les moines les
» uns après les autres ; ensuite de quoi on balaie
» le théâtre, et la compagnie se retire. »

Caragueuse est toujours accompagné d'un niais appelé Codja Haïvat, qui est le *Jacques Pouding* des Anglais, ou quelque chose approchant de notre Gilles. Il reçoit les coups destinés à ce maître, dont il fait ressortir l'esprit et les bons mots, par sa stupidité. J'ai vu moi-même plusieurs de ces farces, où je n'ai pas trouvé les règles d'Aristote plus respectées que les mœurs. On donne souvent, pour intermède, le spectacle d'un enterrement juif, dont le convoi est terminé par un marchand de petits pâtés, qui annonce sa marchandise, en la criant en portugais [1].

Ainsi, les Turcs n'ont ni spectacle, ni fêtes;

---

[1] Les Juifs qui habitent Constantinople et l'Orient, parlent le portugais.

les places seules sont couvertes de jongleurs qui font danser des serpens au son du tambour; de joueurs de gobelets, ou de meneurs d'ours : on trouve des bandes de Bohémiens, ou Tchinguenets, qui, au son d'une musique douce, exécutent les danses les plus lascives et les plus révoltantes. Ces misérables, quoique professant l'Islamisme, sont réprouvés et excommuniés par les Turcs, qui leur font payer le caratch comme aux autres vassaux de l'empire, dédaignant, à juste titre, de les regarder comme Musulmans.

On trouve dans les tavernes, qui sont au nombre de plusieurs mille dans la capitale des croyans, une espèce de danseurs appelés *yamakis*, qui sont des Grecs des îles de l'Archipel : élégamment vêtus, parés de schalls précieux, portant des bracelets, des colliers, et la chevelure longue, ils se parfument d'essences, se mettent du rouge, et affectent les manières lubriques des prostituées. Le Turc indolent, le *Galiondgi*, les comblent de cadeaux, en leur appliquant des pièces de monnoie sur le front; ils les encouragent, ils prennent parti pour eux, et finissent souvent par se battre en l'honneur de tel ou tel yamaki. La garde, qui accourt alors au secours des combattans, les sépare en faisant rouler entr'eux les barriques vides ou pleines qui se trouvent dans la tabagie (car, dans ces lieux, les tonneaux et les buveurs sont pêle-mêle.) Le cabaret est ensuite fermé; et le maître n'en obtient l'ouverture qu'en payant quelques piastres. Le vezir suprême, pour remplir son coffre, aux fêtes du Baïram, et dans les grandes calamités, ordonne aussi la clôture des tavernes, (qui sont allouées comme les maisons de jeu en Europe) et bientôt après, il reçoit un placet des Grecs, accompagné d'un présent qui lève les difficultés, et procure aux réclamans la liberté de leur trafic.

La nouvelle de l'ouverture des tabagies amène ordinairement la joie parmi les buveurs, qui forment une classe nombreuse : ce n'est pas qu'ils ne soient parfois châtiés, et que la morale publique n'ait ses droits sur les ivrognes.

Un Turc pris de vin, qui tombe dans la rue, et que la garde saisit, est condamné à la bastonnade : on récidive contre lui cette punition jusqu'à trois fois; après quoi il est réputé incorrigible, et reçoit le nom d'*ivrogne impérial*, ou d'*ivrogne privilégié*. S'il est alors arrêté, et prêt à être fustigé, il n'a qu'à se nommer, dire le quartier qu'il habite, et qu'il est ivrogne privilégié, on le relâche, et on l'envoie dormir sur les cendres chaudes d'un bain [1].

---

[1] Ce lieu est, en hiver, le refuge des malheureux qui n'ont point d'asile; ils profitent d'un tas de cendres chaudes, ou du voisinage abrité d'un four à bains, pour passer la nuit.

Cette singulière manière de flétrir un ivrogne, et dans laquelle ou se sert de l'opinion publique, pour le maintien des mœurs, n'est pas la seule qu'on emploie. Un homme, pour une cause quelconque, vient-il à s'attirer la haine de ses voisins? dix ou douze d'entr'eux vont trouver le cadi, et lui disent qu'un tel leur déplaît, sans déduire d'autres motifs.

Si le cadi insiste pour obtenir quelques éclaircissemens, ils se contentent de dire que c'est un fort honnête homme, mais qu'ils ne peuvent consentir à le garder pour voisin. On cite alors le particulier, qui n'obtient pas d'autre solution ; et le juge, suivant les usages, est obligé de prononcer que l'individu flétri par une dénonciation, sera contraint de changer de quartier.

La punition, cependant, ne se borne pas à cette expulsion ; celui qui y est condamné emporte une note infamante ; et, si de nouvelles plaintes se répètent jusqu'à trois fois, dans les lieux où il va habiter, alors le gouvernement intervient, et cet individu ne manque jamais d'être banni. Une pareille censure rend les Turcs et tous les habitans de Constantinople extrêmement circonspects entr'eux : chaque quartier a intérêt

---

Comme ce sont en général des coquins, des ivrognes, ou des mendians, le nom de *culhané*, ou cendrillon, est une injure grossière dont les Turcs se servent pour désigner un homme de rien.

à se ménager, et se surveille, en formant une espèce de famille qui se réclame et s'appuie au besoin ; de sorte que cette mesure, sans dégénérer jamais en abus, devient un frein. Elle serait sans doute sujette à de grands inconvéniens dans nos villes policées, tandis qu'elle n'est ici que le moyen de se débarrasser d'un mutin, d'un homme inquiet qui trouble les autres, ou de quelque être dont les mœurs sont un objet de scandale public.

Quand la justice déploie ses formes pour la punition de ceux qui sont condamnés, elle offre toujours un caractère atroce qui est propre aux peuples barbares : elle n'est pourtant jamais plus effrayante ni plus redoutable, que lorsqu'elle fait exécuter les arrêts du vezir au milieu de la nuit. Je me rappelle une de ces époques dont le souvenir a plus d'une fois fait dresser mes cheveux : c'était après l'équinoxe d'automne ; je venais respirer pendant la nuit l'air qui circulait alors dans le jardin de l'enceinte des Sept-Tours, où nous étions renfermés ; la lune brillait comme un lustre superbe suspendu au haut des cieux ; les oscillations du Bosphore étaient interrompues ; le silence régnait au loin : je donnais l'essor aux idées ravissantes de la mélancolie, j'étais peut-être heureux, un charme secret me rappelait au sein de ma famille, quand le bruit du canon de Hissar, parti du fond du canal, répété par les échos, frappa mon oreille, et vint m'arracher à mes illusions.

Je pensais aux naufrages, aux signaux de détresse, lorsqu'un second coup, suivi du silence qui reprit l'empire des plages d'Europe et d'Asie, me fit interroger les gardes qui veillaient autour de nous. Ils m'apprirent que cette voix redoutable des combats, annonçait au vezir, endormi dans son harem, l'exécution de ses ordres. Quelques janissaires, jugés coupables, venaient de subir leur arrêt de mort; et leurs cadavres, jetés dans les courans rapides de la mer, roulaient déjà dans la Propontide. Le nombre des coups de canon avait désigné celui des condamnés.

Si ce signal de mort était redoutable, le roulement du tambour, qui annonce ordinairement un incendie, ne portait pas un caractère moins sinistre : c'était du haut des remparts des Sept-Tours qu'il se faisait fréquemment entendre, pour donner le signal d'alarme aux environs. Ce signal, cependant, ne se manifestait que lorsque la tour du janissaire Aga avait commencé: alors mille cris ébranlent les airs; et la voix du *passevend*, ou veilleur de nuit, qui frappe la terre de son bâton ferré, annonce l'événement, en criant d'un ton lamentable: Yangun-war! *il y a du feu*. Les janissaires se portent en foule du côté où il exerce ses ravages pour arrêter ses progrès, et plus communément pour piller.

Les habitans de Constantinople, victimes du fléau des incendies, ne cherchent à assurer aucun de leurs meubles; il semble même que cette calamité est regardée comme essentielle à la ville qu'ils habitent. Chaque famille est dans l'usage de tenir ses effets précieux renfermés dans une cassette particulière qu'on dépose, chaque soir, sur une table, afin de pouvoir, en cas d'alerte, s'en saisir sans être obligé de la chercher. Si l'on va en promenade, si toute la famille sort, on la porte avec soi; et personne ne cautionnerait une maison, seulement pour vingt-quatre heures.

On voit pourtant des spéculateurs s'offrir pour acheter un bâtiment, quand le feu commence à s'en approcher; et il n'est pas rare de rencontrer un entêté qui préfère perdre sa propriété, plutôt que de conclure un marché trop préjudiciable. On peut concevoir, d'après cela, combien les loyers doivent être chers dans une ville dont la face change tous les quinze ans, à cause des incendies; et où les accidens sont si rapides, qu'on a quelquefois à peine le temps de s'élancer par une fenêtre, pour se dérober aux flammes. C'est pour cette raison, qui contraint les gens du pays d'exister sur le *qui-vive*, qu'ils dorment toujours avec un habit, et que les femmes se parent de leurs bagues, de leurs bracelets, etc., en se mettant au lit. Mais combien de ces infortunées, et d'enfans, périssent dans l'incendie, ou écrasés sous leurs toits embrasés!

Cependant le sultan en personne ne manque pas d'accourir au danger commun; il répand l'or pour encourager, et punit ceux qui volent, en les faisant jeter dans le feu; mais les soins sont mal entendus, les secours mal dirigés; et on ne connaît pas la manière d'attaquer le feu, qui fait des désastres rapides dans une ville bâtie en bois, et peinte avec de l'huile d'aspic.

Les pompiers se servent plutôt de leurs pompes pour arroser ceux qui sont présens, que pour arrêter les progrès des flammes. La maison qui est la mieux défendue est toujours celle où s'établit le grand seigneur, et chacun ne manque pas en conséquence de lui offrir la sienne.

Tel est le coup d'œil de cette ville, habitée par un peuple qui n'appartient en rien à l'Europe, que par la place qu'il y occupe encore; de cette ville où l'on ne trouve pas un bureau de poste aux lettres, où les rues ne sont désignées par aucune dénomination particulière; dont les habitans n'ont point de nom de famille, et ne sont distingués que par des surnoms équivoques et fautifs; enfin, où personne ne sait son âge, puisque rien ne constate l'état civil des habitans!... Là, règnent l'oppression, la licence, le despotisme et l'égalité, le régime des lois et celui de la terreur; là, on punit l'assassinat, et on l'applaudit. Assemblage de vertus et de vices, de principes et de barbarie, rien ne semble être à sa place à Constantinople, et la chose publique se soutient par le poids des années et des usages respectés. L'observateur qui viendra y méditer, trouvera sans cesse un aliment à sa curiosité, des observations importantes à consigner; car, tout est encore loin d'avoir été apperçu ou publié sur les Turcs, qu'un écrivain moderne a définis, *un peuple d'antithèses.*

CHAPITRE XVII.

BAGNE DE CONSTANTINOPLE. — TRAITEMENT DES PRISONNIERS FRANÇAIS DANS CE LIEU.

Ma plume s'arrête ici pour décrire le lieu de misère et d'opprobre dans lequel mes infortunés compatriotes furent plongés.

Après une marche forcée de cinquante-deux jours, on vit entrer dans Constantinople les restes de la brave garnison de Zante: et dans quel état?... dans quel moment?..... On ne peut le dire sans frissonner? Nos ennemis mêmes, s'ils n'avaient été plus féroces que des tigres, auraient frémi d'horreur à ce spectacle déchirant, pour l'ame la plus endurcie et la plus apathique.

Le pacha d'Albanie venait d'expédier à Constantinople les têtes des Français qui avaient trouvé la mort sur le champ de bataille de Prévesa, et elles étaient exposées à la porte du sérail, comme le monument d'une victoire éclatante : tout retentissait des cris de joie et de fureur de la populace, lorsque les soldats captifs vinrent augmenter l'allégresse des barbares, auxquels on les offrait en spectacle. On les fit défiler près des restes de leurs amis ; mais ils étaient familiarisés avec cet appareil. Ils venaient eux-mêmes chargés d'horribles dépouilles encore toutes sanglantes..... ils apportaient les restes de leurs camarades ! Traités comme le rebut de l'espèce humaine par ceux qui les escortaient, on avait forcé leurs mains à ce cruel ministère, en les contraignant d'écorcher les têtes de leurs frères d'armes, et d'en saler les chevelures. Malheur à ceux qui s'y étaient refusés ! malheur à ceux qui avaient seulement osé témoigner de l'aversion, ils avaient aussitôt été immolés par leurs bourreaux !!!... L'empreinte de la douleur sur le front, le chagrin dans l'ame, harassés de fatigue, à peine vêtus, on voyait ces guerriers, dont les palmes de l'Italie ombrageaient naguères la tête victorieuse, les uns privés d'une partie de leurs membres par le froid de l'hiver qui régnait alors dans les montagnes de la Macédoine, d'autres mutilés par le fer ennemi, tous enfin exténués et malheureux traînant à peine les restes d'une vie qu'ils détestaient : ils s'avançaient dans cette ville immense, dignes d'être admirés par la contenance fière que le souvenir de leur gloire passée leur faisait retrouver pour un moment.

Arrivés à la porte du bagne, on les soumet à la dernière injure : on dépouille les officiers des armes qu'ils avaient conservées ; on compte tous les prisonniers ; le lieu fatal s'ouvre, et ces infortunés sont séparés du monde entier !

Bientôt on les charge de fers ! Les ministres de ce tartare s'avancent et enchaînent les soldats deux à deux, ils rivent un anneau de fer autour de la jambe des officiers, établissant une sorte de distinction jusque dans les tourmens. Que ne pouvaient-ils retenir les larmes que versèrent ces victimes respectables, lorsqu'elles rencontrèrent d'autres Français dans le bagne ! ce n'était plus là des guerriers, que le sort des armes avait fait tomber au pouvoir des ennemis, mais des citoyens paisibles établis à Constantinople, et dont le seul crime était d'être Français ! On les avait, par un coupable excès de haine, plongés dans ce tombeau, où les miasmes de la contagion étaient encore répandus ; car à peine les derniers cadavres des esclaves maltais, morts de la peste, venaient d'être enlevés. Le fléau ne paraissait que ralenti : les glaces de l'hiver suspendaient ses coups ; et tout faisait craindre, au printemps, son retour, plus meurtrier et plus funeste. Nul endroit, en effet, n'était aussi propre à recéler les principes des fièvres pestilentielles, comme on en pourra juger par sa description.

Le bagne fait partie de l'arsenal; et c'est, comme dans tous les pays de l'Europe, le lieu où l'on renferme les malfaiteurs et les criminels condamnés aux galères.

On y conduit aussi des Grecs de distinction destinés à périr, ou à être rachetés par leurs familles; on y dépose les Turcs qui doivent être exécutés secrètement : mais, outre ces usages, ce lieu a une destination qu'on ne lui donne dans aucun pays civilisé; il sert à renfermer les prisonniers de guerre qui tombent entre les mains des Turcs, ainsi que les esclaves faits sur les bâtimens maltais, avec lesquels la Porte était toujours en guerre.

Le capoudan pacha, ou grand amiral, est le chef suprême de l'arsenal (Tersané.) Il y a en outre un intendant (tersana emini) et un effendi, qui, juge né de la police, peut ordonner d'enchaîner, de déchaîner, de battre, mais non pas de mettre à mort. Il a sous ses ordres des tchiaoux, ou huissiers, et des bourreaux qui étranglent les personnes condamnées à mort par le capoudan pacha, ou par le bostandgi bachi. Ces bourreaux, tous Maltais ou Grecs d'origine, croient faire une action méritoire quand ils exécutent un Turc; et ils sont en général, pour la force et la structure athlétique, de véritables Hercules.

Les Turcs les choisissent parmi les esclaves qui consentent volontairement à exercer un métier aussi infâme. Ils jouissent en conséquence du privilège de faire les commissions des captifs; ils sont mariés, et ils ont leurs maisons, où, chaque soir, ils peuvent aller passer la nuit, hors de l'enceinte du bagne, avec leurs familles.

La police, ou plutôt les tourmens du bagne, sont exercés par des gardiens bachis qui sont Grecs. Jamais ils ne paraissent qu'armés du bâton, dont ils frappent sans choix et sans égards. Leur poitrine velue, l'épaisse moustache qui couvre leur bouche, d'où sort une voix rauque et terrible, les rendent épouvantables, et dignes du poste qu'ils occupent. Ils font les rondes de nuit, président aux exécutions, éveillent les prisonniers par leurs cris, et les envoient à l'ouvrage, où souvent ils ont inspection sur eux. Ils font le recensement des esclaves, matin et soir; car leur tête est comptable de l'évasion d'un seul prisonnier; et on présume que la vie de ces sortes de gens n'est pas assez précieuse pour qu'on les épargne. Ils ont le privilège d'enchaîner et de déchaîner qui bon leur semble, et c'est un de leurs meilleurs moyens pour obtenir un gain honteux, qu'ils partagent avec l'effendi.

Le bagne est situé sur la rive orientale du port, ou golfe de Ceras : quoiqu'environné de hautes murailles, les monticules auxquels il est adossé permettent de plonger dans son enceinte, et de voir ce qui s'y passe. Sa forme est à peu près celle d'un parallélogramme, et le mur qui avoisine la mer suit les sinuosités du rivage. Le local, où sont entassés les esclaves, consiste en une vaste halle, divisée en rez-de-chaussée, au dessus duquel il y a un étage ou entresol. Il s'y trouve des lits de camp sur lesquels les prisonniers se couchent, sans qu'on les débarrasse jamais de leurs chaînes. Les officiers avaient des niches obscures qu'ils habitaient, et, ainsi que les malades, ils étaient exempts de travail.

Près de ce hangar, est un autre local séparé par une haute muraille, et connu sous le nom de petit bagne. Devant celui dont je viens de parler, se voit une vaste cour dans laquelle il est permis de se promener. Les Russes, au temps de leur dernière guerre avec les Turcs, y avaient bâti un joli pavillon qui subsiste encore en partie. Il y a une chapelle, dans laquelle un papas grec célèbre la messe tous les dimanches. Aux fêtes solemnelles, il se fait, dans le bagne, des processions avec les croix et les bannières, où les Chrétiens détenus assistent. Autour de la cour, il se trouve quelques boutiques tenues par des gardiens bachis, qui vendent des comestibles, de l'eau-de-vie, du vin, et une infinité d'autres objets. Pendant la nuit, ils les transforment en des tripots, où les Maltais, aussi dissolus qu'eux, allaient jouer de sommes assez considérables, qu'ils tenaient des gratifications qu'ils reçoivent dans leur campagne d'été avec le capoudan pacha, et de leur industrie.

L'aspect du bagne offre un coup d'œil qui flétrit l'imagination. Celui qui, transporté du sein de la société, ou du milieu des camps, descend tout à coup dans ce lieu de misère, est agité de sensations difficiles à rendre ; le bruit des chaînes, la vue des malheureux dont la physionomie décèle le crime, ou la bassesse de la condition, la dégradation morale peinte dans tous les traits, frappent d'abord son attention. Au lieu de voix calmes et assurées, de visages sereins, on n'entend que des cris sinistres, on ne voit que l'inquiétude peinte dans chaque signe de la face. Des coupables, sans cesse sous la main de leurs bourreaux, donnent l'image de ces supplices éternels réservés aux scélérats ! Là, le peintre, l'observateur, pourraient venir étudier les traits d'*Ixion*, de *Tantale* et de *Sisyphe* ; ils trouveraient dans ces gardiens inflexibles, monstres d'avidité, de luxure et de forfaits, l'image de la triple Gorgone, ou des furies agitant leurs fouets de serpens ; au bruit des fers, au murmure confus des condamnés, dont les uns accusent le ciel par des malédictions, ou par les gémissemens que leur arrache le poids du travail et des traitemens douloureux, ils se croiraient descendus dans les enfers : car, comme dans le Tartare, il n'y a plus de repos, plus de silence, soit que le jour remplace la nuit, ou que les ombres succèdent à la lumière! Dans l'instant même où le ciel fait descendre le sommeil sur les paupières fatiguées de l'opprimé, les coupables ne reposent pas : éveillés par des besoins, ou par des songes qu'allument des fièvres pernicieuses, un de ces malheureux ne peut s'agiter, ni quitter sa place, sans contraindre à le suivre son compagnon de peine, qui est enchaîné avec lui. Le supplice de la communauté de misères et d'infirmités est de toutes les heures! Pas un moment, un seul instant d'isolement, qui permette d'être seul avec soi-même! Chaque individu ne fait qu'une partie de l'ensemble de ceux qui sont tourmentés; leurs habitudes, leur immoralité viennent encore augmenter la somme des maux, en excitant chez eux les passions les plus effrénées ; leur cœur, leur ame se dessèchent, et meurent.

Le tableau qu'offraient nos guerriers dans ce lieu d'opprobre était bien différent ; la patrie se serait encore glorifiée de ses enfans, qui ne perdirent jamais leur caractère aimable, cette gaîté que le Français porte jusque dans les revers ! Les Turcs ne les confondirent pas non plus ; et, quoique barbares, ils avaient su respecter le malheur, et quoiqu'ils les eussent chargés des mêmes fers que les coupables, ils les avaient classés à part; leurs travaux mêmes n'étaient pas excessifs ! Entre six et sept heures du matin, ils faisaient sortir tous les prisonniers de guerre, qu'ils comptaient, et les soldats étaient envoyés à l'ouvrage. Ils travaillaient, dans le port, aux agrès des vaisseaux, et à leur armement; ceux qui étaient trop faibles restaient dans la cour du bagne, où on les employait à battre des cordes pour réduire en étoupe à calfater. Vers midi, ils faisaient un repas, et, à quatre heures du soir, leur journée était finie. Les capitaines des vaisseaux turcs, loin de les maltraiter, leur donnaient souvent des récompenses. A six heures, les gardiens comptaient de nouveau les prisonniers, qui étaient de suite renfermés dans leur hangar. Une voix alors s'adressait à eux, en leur criant : *Christiani, bevete, mangiate allegramente ; non fate baruffa con altri ; e domane, se Dio vuol', sarete in liberta* ; ce qui signifie : *Chrétiens, buvez, mangez en paix ; ne disputez avec personne ; et demain, si Dieu veut, vous serez en liberté.*

Après cette courte exhortation, les gardiens

bachis commençaient leur service de nuit : c'était aussi l'heure des exécutions à mort, qui furent fréquentes dans la première année de la guerre. Il y avait à peine trois mois qu'elle avait éclaté, lorsque le capoudan pacha fit conduire aux galères un grec appelé *Ianaki*, neveu de *Cangierli*, prince de Valachie. Ce jeune homme, drogman favori de Hussein pacha, après l'avoir suivi à *Widin*, passait subitement, du comble des honneurs, à l'agonie du malheur. Une éducation soignée, des connaissances qu'on ne trouve point ordinairement dans un Oriental, son innocence enfin, le rendaient digne d'intérêt et de commisération.

Résigné à la mort, il s'attendait à périr le jour même où on le mit aux fers ; mais l'heure fatale s'étant passée, il se permit d'espérer. Il s'approcha des Français, et chercha parmi eux des hommes capables de le soutenir : il trouva M. *Richemont*, dont l'ame noble, et susceptible de tout ce qui est beau, s'attendrit sur ses malheurs. Le jeune Grec lui déroula l'affreuse série d'intrigues qui avaient attiré sur lui la vengeance du capoudan pacha ; les trames qui avaient fait tomber, peu de mois auparavant, la tête de son oncle *Cangierli*, demandée par Passevend-Oglou ; enfin, il lui révéla des secrets qui peuvent donner la mesure de la politique infernale qu'on employait contre la

France; politique dont il ne m'est pas permis de faire connaître les moyens sanguinaires [1].

Pendant le temps de sa détention, qui se prolongeait, les parens de Ianaki agissaient auprès du capoudan pacha, afin d'obtenir sa grace; ils faisaient passer au détenu des nouvelles propres à le tranquilliser. Les gardiens bachis, race barbare et cruelle, lui témoignaient des égards, ne voyant dans ce jeune homme qu'un favori momentanément disgracié.

Les sollicitations de la famille affligée, après un mois d'instances, furent enfin entendues de l'épouse de Hussein pacha, qui les accueillit favorablement. Le pardon du détenu semblait certain [2], puisqu'une nièce du sultan se déclarait pour lui. En effet, Hussein son époux, répondit à sa dernière sollitation, en disant que Ianaki sortirait le soir même;.... et, par une duplicité qui ne peut appartenir qu'à un tyran lâche, il expédia en secret l'ordre d'étrangler celui qu'il amnistiait authentiquement, en abusant du sens équivoque que ses paroles offraient.

L'infortuné Ianaki commença à se douter du sort qui lui était réservé, par la défection des

---

[1] *Quid ea memorem quæ, nisi iis qui videre, nemini credibilia sunt.* SALUST. CAT.

[2] L'épouse du capoudan pacha est du sang de Sélim III, actuellement régnant.

gardiens bachis, et des Grecs détenus qui lui faisaient la cour; et il ne put plus se faire illusion, lorsqu'au lieu de rentrer au bagne, après l'appel, on le conduisit vers un café qui se trouve dans l'enceinte, et où l'on dépose ordinairement les condamnés. Il vit M. Richemont; il le salua pour la dernière fois, ceux qui l'entraînaient vers le fatal pavillon ne lui laissant pas la consolation de l'approcher.

Enfin, dès que la nuit fut venue, le cordon fatal termina sa vie, et son corps fut jeté dans le port.

Tel fut le prix de la fidélité et du dévouement de Ianaki, que Hussein sacrifia, afin d'ensevelir avec lui des secrets qu'il craignait de lui voir divulguer.

Telle fut aussi la prison où, pendant près de quatre années, gémirent des Français de toutes les classes, dont le nombre s'élevait, au mois de novembre 1799, à près de douze cents, et dont les maladies ne tardèrent pas à faire périr une grande partie. C'étaient des fièvres pernicieuses qui succèdent ordinairement à la peste, quand la température a changé la constitution de l'air. Tous les prisonniers en furent frappés; et ceux que les fatigues d'un long voyage avaient épuisés, moururent. Cette fièvre s'annonçait avec une ataxie telle, qu'on ne pouvait bien la saisir que quelques jours après son début; et, à cette époque, elle ne laissait souvent aucun espoir. Le pouls, chez certains malades, était faible, petit et profond ; chez d'autres, dur et plein : la langue, sèche et rouge, ne devenait noire qu'à la dernière période. On vit des pétéchies et un petit nombre d'anthrax. Ceux qui, après avoir passé par les nuances diverses, et les crises propres à cette fièvre, échappaient au bout de vingt à trente jours ; ceux-là avaient une aberration singulière d'esprit, un bégaiement qui ne s'effaçait qu'à la longue. J'ai connu des hommes d'un jugement sain et profond, qui, pendant plusieurs mois, perdirent le souvenir de la plupart de leurs actions passées. Ces accidens furent communs à tous les malades, dont la convalescence se prolongea jusqu'au printemps.

Dans cette horrible catastrophe, les prisonniers montrèrent un esprit d'ordre qui fera toujours l'éloge des sentimens d'amitié qui les unissaient. En entrant dans le bagne, l'effendi avait légèrement pris leurs noms, et il ne s'informait pas de ceux qui mouraient ; ce qui obligea les Français à tenir entr'eux une sorte de nécrologue. Ils poussèrent plus loin les attentions, afin de dérober aux ennemis les altercations qui survenaient dans les rapports journaliers : ce fut d'obtenir des Turcs la permission de s'infliger les châtimens de discipline, relatifs aux fautes commises entre camarades. Ils finirent enfin par tenir un journal du mouvement des prisonniers qu'on déporta sur de simples soupçons, et peut-être pour les causes que voici.

En arrivant au bagne, les Français portèrent leurs regards vers les ministres des puissances européennes qui se trouvaient à Pera, et ils invoquèrent leurs bons offices pour les affranchir des rigueurs d'une condition affreuse. Ceux qui auraient désiré les servir étaient malheureusement sans crédit auprès de la Porte, asservie aux volontés de ses alliés; les ambassadeurs des puissances belligérantes, excités par une haine aveugle, ou trop servilement attachés à la réserve diplomatique pour honorer leurs souverains par un acte de générosité, fermèrent l'oreille à l'équité des réclamations qu'on leur présentait, et à la voix de l'humanité qui parvenait jusqu'à eux. Le silence, le mépris, les persécutions furent leurs réponses; et Pera, comme toutes les petites villes où se trouvent entassées les coteries, les haines et les intrigues, ne retentissait que des cris de proscription contre les Français; du pied des autels jusque dans les antichambres des ministres, et sur le sopha des femmes politiques de cet égout de l'Europe, la calomnie distillait ses poisons sur des infortunés.

L'explosion de ces bruits parvint jusqu'aux Français prisonniers; et, dans leur désespoir, ils conçurent le projet de périr d'une manière glorieuse dans Constantinople même, en faisant un coup d'éclat.

Deux moyens se présentaient : près du bagne, se trouvait un dépôt considérable d'armes ; on calcula les facilités de s'en emparer ; huit cents braves qui vivaient encore, pouvaient, avec ces moyens, se frayer un chemin jusque sur les terres d'Allemagne. La nation généreuse qui occupe ce pays aurait honoré leur valeur, malgré la guerre qui venait de la diviser de la France. Telle était la confiance qu'ils avaient en sa loyauté connue.

La seconde ressource des prisonniers était de s'emparer d'un des vaisseaux qui se trouvaient mouillés près du bagne ; une fois qu'ils en auraient été maîtres, ils foudroyaient ce qui leur opposait résistance, et ils pouvaient faire trembler la ville. Il fallait sur-le-champ faire voile pour les Dardanelles, en choisissant un vent favorable : alors ils auraient pu franchi ce détroit ; et, s'ils avaient échoué, ils brûlaient le vaisseau, et se rendaient, par terre, jusqu'aux frontières d'Allemagne. Ce projet, discuté par des officiers instruits, connu d'eux seuls, ne devait être communiqué aux soldats qu'au moment de l'exécution. Avec quel transport ils l'auraient saisi et accompli ! La honte, peut-être même le châtiment de leurs oppresseurs, se préparait, lorsque le hasard, qui renverse les projets les mieux concertés, vint leur ôter tout espoir de salut.

Les officiers et sous-officiers qu'on craignait en masse, furent déportés dans les châteaux de la mer Noire, ou disséminés dans les villes de l'Asie mineure. Les soldats, embarqués sur les vaisseaux turcs, se virent contraints de servir aux manœuvres, et de faire, chaque été, les campagnes du capoudan pacha. Un petit nombre seulement et quelques Français civils, restèrent au bagne. Dès lors, plus d'unité d'action et de sentimens pour l'affranchissement; à peine eut-on le temps de se reconnaître, de se raconter les événemens, et les chances qu'on avait courues; enfin, l'absence des chefs consolida le malheur de ces guerriers respectables.

Je n'entrerai pas dans le détail des autres événemens dont le bagne fut le témoin. Je dirai seulement que la bienfaisance du gouvernement français s'y fit sentir comme dans tous les lieux où il se trouvait des prisonniers en Turquie. A l'avénement de Bonaparte au Consulat, on éprouva sur-tout une amélioration sensible dans le paiement des secours, et dans l'adoucissement des mauvais traitemens. M. de Bouligni, ministre de S. M. le roi d'Espagne, avait été chargé de payer les secours que la France envoyait à ses défenseurs; éloigné de son poste par les intrigues minutieuses des diplomates de Pera, qui semblaient ne vouloir que déshonorer la majesté des souverains, au nom desquels ils parlaient, il fut remplacé, dans ses fonctions bienfaisantes, par M. le baron d'Hubschs, ministre de S. M. le roi de Danemarck. Les Turcs ne donnaient que le pain et l'eau aux prisonniers; et ce ministre, d'après son autorisation, leur faisait toucher les vivres et la solde, comme s'ils avaient été sous les drapeaux. Quoiqu'il agît conformément à ses instructions, tout Français doit lui rendre un témoignage de reconnaissance pour ce qu'il fit dans un moment aussi difficile, et je sais particulièrement quelle satisfaction il éprouvait, chaque fois qu'il pouvait obtenir la liberté de quelqu'un des captifs.

Pour terminer enfin ce que j'avais à dire sur le bagne, j'ajouterai que ce lieu semble ne pas appartenir même à Constantinople. Il forme en effet une autre Barbarie, au milieu d'un peuple privé des lumières de la civilisation. A côté des chaînes et de la débauche, on y trouve les autels consolateurs de la religion chrétienne, dont on célèbre les rites les plus augustes, sans trouble et sans inquiétude. La langue franque ou barbaresque, qu'on y parle généralement, établit enfin la ligne de démarcation, mieux encore que les murailles, qui séparent Tersané de la ville et de ses habitans.

CHAPITRE XVIII.

MAISON DE SÉLIM III. — SA FAMILLE. — TITRES QU'IL MET EN TÊTE DE SES FERMANS.

Sélim III, fils de Sultan Moustapha, monta sur le trône en 1789. Ce prince, doué d'un physique agréable, a, dans le regard, une sérénité qui n'est point ordinaire aux Musulmans, qui ont quelque chose de farouche imprimé dans l'œil. De grands traits, une barbe noire et épaisse, un buste bien proportionné, le distinguent au milieu des hommes les mieux faits de sa cour; mais, comme tous les descendans de la famille impériale, il manque par les proportions des jambes et des cuisses, ce qui fait qu'il n'est bien qu'à cheval. Suivant la loi de l'empire, qui veut que tout homme sache un métier, il a appris celui de peintre en mousselines. Élevé à la cour dans son enfance, il ne fut enfermé que pendant le règne du faible Abdoulhamid [1], son

---

[1] Abdoulhamid monta sur le trône en 1775, et mourut en 1788; son règne fut celui de la corruption et de la décadence. Il perdit une partie de la Bosnie, Sebatz, Cotzin, la Crimée, et il porta un coup fatal à la richesse publique, en altérant les monnaies.

prédécesseur. On augurait très-favorablement d'un prince qui avait vu quelque chose de plus que les murs de sa prison ; on concevait de lui de grandes espérances, mais rien ne les a encore justifiées. Juste, plein d'humanité, ce souverain a toujours devant les yeux les idées d'un avenir sinistre. Depuis dix ans, il verse souvent des larmes sur la situation de l'empire qu'il gouverne : plus il a de mérite, plus il sent que ses sujets sont inférieurs aux Européens, qui, chaque jour, par leurs envahissemens, lui prouvent sa faiblesse et sa décadence. Les haïdouts ou brigands de la Roumilie, ne lui ont pas donné de repos; la dernière guerre l'avait plongé dans des alarmes continuelles, et il flotte souvent dans une irrésolution accablante, et qui est toujours désastreuse pour un souverain.

Il eut, de mères différentes, trois sœurs encore vivantes, qui toutes trois ont été mariées. L'aînée, appelée *Schak sultane*, ou princesse royale, épousa *Nichandgi Moustapha*, ancien pacha de Salonique. Comme ce seigneur est sans ambition, et doué d'un caractère incapable de porter ombrage à la cour, on le laisse vivre tranquillement, avec son épouse, dans une maison voisine du faubourg d'Eyub[1]. On a dérogé, en cela, à l'usage

---

[1] Eyub, faubourg de Constantinople, dont les habitans sont peu aisés.

qui ne souffre pas de pacha en fonctions, ou sans fonctions, dans la capitale.

La seconde des sœurs, connue sous le nom de *Beyham sultane*, est veuve de *Sélictar Moustapha pacha*, ci-devant caïmacan ou lieutenant du vezir suprême, mort pacha de Bosnie.

La troisième, nommée *Hadidgé sultane*, est veuve de *Sëid Achmet pacha*, mort pacha à Van, sur les frontières de la Perse. On l'appelle, à la cour et dans l'empire, *Buiuk Hadidgé*, la grande Hadidgé, pour la distinguer de la Hadidgé sultane, fille de sultan Abdulhamid, femme du capoudan pacha qui vient de mourir.

Ces princesses, comme on voit, deviennent les épouses des pachas, ou des grands officiers de l'empire; elles ont pour prérogatives la liberté, et l'empire sur leurs maris, qui ne peuvent avoir plusieurs femmes. Ces mêmes maris ne sont point admis dans le lit de leurs épouses sans leur permission, et ne leur parlent jamais qu'en les qualifiant des noms de *souveraine* et de *sultane*. Pourtant ces titres et ces distinctions ne sont que de faibles prérogatives, puisque ces femmes sont destinées à s'éteindre, comme l'arbre frappé de stérilité. Condamnées, en naissant, à ne pouvoir devenir mères, on use de mille pratiques meurtrières, dont elles sont souvent victimes, afin d'éteindre la fécondité dans leurs flancs. Si, malgré cela, elles deviennent enceintes, les sages-femmes, qui reçoivent leurs enfans, doivent les laisser périr d'hémorragie et de besoin, car elles ne pourraient, sans crime, faire mourir autrement les fruits d'une fécondité réprouvée. Ainsi se perpétuent les usages barbares des rois de l'Orient, dont le sang ne doit jamais se mêler qu'avec celui des esclaves, pour donner des successeurs à l'empire.

C'est de cette classe qu'est sortie la mère de l'empereur régnant, la *Validé sultane*. Elle fut, dans son jeune âge, esclave de *Véli Effendi*, ancien grand mouphti, qui en fit présent à sultan Moustapha. Comme elle était jolie et instruite dans l'art de danser, et dans toutes les bagatelles qui font la gloire des harems, elle triompha de son maître, dont elle obtint les faveurs, tant de fois briguées, et elle eut le bonheur d'en avoir un fils. On ne peut se faire une juste idée de la tendresse de ces femmes pour leurs enfans, qu'elles nourrissent elles-mêmes. Aussi, les sultans sont-ils pénétrés de respect, d'atachement et de reconnaissance pour ces tendres mères, qui jouissent d'un crédit immense auprès d'eux. La Validé actuelle ne s'en est jamais servie que pour faire du bien, et elle a toujours montré beaucoup d'intérêt et de considération pour les Français. Cette haute faveur de la *Validé sultane* a rejailli sur le fils de son maître *Vélizadé*, fils du mouphti, dont elle fut l'esclave. Il vit dans les honneurs à Constantinople; il est le doyen des hommes de loi, (oulemas) jouit de grandes richesses, de la considération, et d'un pouvoir étendu. Ce même homme fut le maître du Circassien *Mourad*, bey d'Egypte, qu'il acheta dans son jeune âge.

Telle est la famille du sultan régnant, qui ne compte aucunes alliances, et qui lui-même n'a pas encore eu d'enfans. On voit qu'elle ne doit pas entraîner un grand faste, puisque les femmes qui la composent végètent dans des harems. Ses deux cousins, fils du sultan Abdoulhamid, dont l'aîné est âgé de vingt-trois ans, et le jeune de dix-huit, sont, selon l'usage, séquestrés de la société, et vivent dans l'obscurité d'une prison, d'où on ne les retire qu'une fois chaque année, aux fêtes du Baïram, pour venir baiser les mains du sultan. Un des deux en doit sortir un jour pour monter sur le trône, sans avoir acquis aucune des connaissances nécessaires aux souverains; car on ne leur enseigne que le Kouran, et on ne leur inspire que la haine du nom Chrétien. On croit les rendre assez heureux en leur donnant des femmes condamnées à la stérilité, avec lesquelles ils peuvent vivre, et en encourageant chez eux des goûts désavoués par la nature, qu'on leur inspire pour charmer leur existence ! Et tels sont les hommes qui ceindront un jour le sabre des empereurs, tels sont les rois qui viendront se placer à la tête d'un peuple nombreux ! ils devront gouverner ! Quel changement dans leurs idées! comment pourront-ils se douter de l'Europe, au milieu de laquelle le hasard les a jetés ! Leurs glorieux ancêtres ne se formèrent pas à cette école : ils habitaient les camps..... Mais l'empire othoman est un vaste colosse que la main du temps renverse, et dont on ne peut que retarder la chute.

La puissance du grand seigneur n'existe plus que dans la vaine pompe des titres, dans la récapitulation des provinces envahies et des villes insoumises. On répète pourtant toujours les phrases pompeuses, connues dans les anciens fermans : on use de la même morgue dans le cérémonial de réception des ambassadeurs ; tandis que le poids des années s'appesantit sur un corps battu de toutes parts, et usé par la décrépitude ! Les Turcs ont refusé la lumière qu'on leur a présentée, ils ont été sourds aux conseils de leurs vieux alliés, de leur ami naturel ; et ils ont mis ceux qui voulaient les protéger, dans le cas de traiter, avec les monarques, sur leur ruine, et peut-être sur les moyens de les expulser de l'Europe.

CHAPITRE XIX.

NOTICE SUR ISAAC BEY.

Après avoir parlé de la famille du grand seigneur, on ne sera peut-être pas fâché de trouver ici quelques notices sur la vie de certains personnages qui figurent à la cour, parmi lesquels je choisis Isaac bey. Elles prouveront que la carrière d'un Turc est souvent agitée de plus d'orages que celle d'un Européen; et la vie d'Isaac bey, dont je vais parler, pourrait servir à plus d'un homme à imagination, pour en créer le héros d'un roman. Ce n'est cependant pas une fable que je publie, et je ne crains en rien d'être démenti sur ce que je vais dire.

Presque tous les Français qui ont fait partie de l'expédition d'Egypte, connaissent Isaac bey, ou en ont entendu parler; ceux qui l'ont vu venir comme parlementaire ou négociateur à Alexandrie, s'accordent à vanter son aménité, son esprit, sa facilité à parler français, et à trouver l'expression propre à rendre sa pensée, enfin, sa sagacité à traiter les affaires. Il était, à l'époque dont je parle, l'ame et la parole de Kutchuk Hussein, capoudan pacha, qui commandait l'armée navale turque.

Isaac fut élevé comme icholan ou page dans le grand sérail, sous le règne de sultan Moustapha, père de Sélim III. L'éducation qu'on reçoit en ce lieu étant toute routinière, n'aurait jamais tiré le jeune Isaac bey de l'obscurité, et ses cheveux auraient pu blanchir dans la vie privée d'un palais, sans qu'il se fût fait connaître. Pour son bonheur, sultan Sélim enfant, l'affectionna particulièrement; et peut-être dut-il cet avantage aux graces de sa physionomie. Quand la Turquie courut aux armes, en 1770, afin de combattre les Russes, il sortit du sérail pour se joindre à ses compatriotes, et il fit une campagne, par terre, sous les ordres de Moldovangi pacha, *vezir Azem*. Rebuté par les mauvais succès des Musulmans contre une nation disciplinée, Isaac bey revint à Constantinople, et prit du service dans la marine. Kassan bey, que M. de Tott a surnommé le dernier des Romains, Kassan bey, la terreur des lâches, qu'on trouvait toujours chargé d'armes, et accompagné d'un lion, venait d'être promu au grade de capoudan pacha; il passa près de lui environ deux années, qui ne furent guères propres à signaler personne, puisque la flotte turque avait été détruite à Tchesmé. En 1773, il entra dans le mucndis kané, ou école de mathématiques de la marine, dirigée par M. le baron de Tott, qui ne tarda pas à distinguer son élève.

L'année suivante, il fit connaissance avec le

major Zorik, Russe, sorti des Sept-Tours, où il avait été détenu comme prisonnier, et il lui prêta de l'argent pour retourner en Russie.

En 1776, Isaac bey fit part au baron de Tott de son projet de passer en Russie, pour se faire payer du major Zorik, devenu général et favori de l'impératrice; M. de Tott le détourna de ce dessein, et l'engagea à passer en France, d'autant que cette absence n'était motivée que pour se soustraire à la haine de Kassan bey, auprès duquel il était disgracié, à cause de ses liaisons avec les Européens. Il eut une entrevue avec M. de Saint-Priest, alors ambassadeur de France à Pera, qui favorisa son passage à Marseille, sur un bâtiment français, et l'adressa à M. de Vergennes. Arrivé à Marseille, Isaac bey y attendit M. de Tott, venant de Smyrne, qui le conduisit jusqu'à Lyon, et l'y laissa quelque temps dans sa famille. Arrivé à Paris, il fut confié aux soins de M. Ruffin, professeur du collège de France; il resta environ un an dans sa maison, et il commença à apprendre le français.

En 1777, il accompagna un envoyé de Tunis jusqu'à Toulon, revint à Marseille, où il s'embarqua pour Alger. Après avoir passé quelques mois dans cette régence, et s'être refusé à y prendre du service, il se rendit à Tunis, où il fut bien accueilli. Mais il désirait revenir à Constantinople : l'espoir de rentrer en grace auprès du capoudan pacha, le détermina à s'embarquer pour rentrer dans la capitale de l'empire. Arrivé à l'entrée de l'Hellespont, la crainte et la prudence l'empêchèrent d'avancer; il vint à *Enos*, de là à Andrinople, d'où il fit sonder le terrain.

Au bout de quelque temps, (en 1778) peu content des renseignemens qu'on lui donnait, il vint incognito à Constantinople; il y vit son frère, employé dans l'intérieur du sérail; il en reçut de l'argent, et s'embarqua pour Gênes. De là il voyagea en Toscane et à Naples, puis, revenant sur ses pas, il entra dans le Tyrol, se rendit à Vienne, et ensuite à Pétersbourg. Il trouva Zorik disgracié et retiré dans une terre du côté de Smolasko; il resta avec lui jusqu'en 1782, c'est-à-dire environ quatre années, passant sa vie le plus agréablement qu'il lui était possible, avec un homme ami du plaisir. Il ne toucha cependant pas l'argent qu'il était venu solliciter. Il obtint un secours de l'impératrice, au moyen duquel il s'embarqua pour Londres. Il resta peu de temps en cette ville, d'où il revint à Paris, à la fin de 1783. M. de Vergennes l'accueillit encore une fois.

Il quitta de nouveau Paris en 1784, et partit pour Constantinople avec M. de Choiseuil-Gouffier, qui obtint son pardon de Kassan pacha. Il entra auprès de Kalil Hamid pacha, alors grand vezir, et il y resta jusqu'à ce que ce prince fût déposé, enfermé à Gallipoli, et étranglé. Isaac bey, dans ce moment difficile, ne craignit pas d'aller donner un témoignage d'attachement au vezir disgrascié, jusque dans sa prison; de retour à Constantinople, il trouva le capoudan pacha élevé au grade de caïmacan.

Peu tranquille sur les dispositions de ce pacha redoutable, il s'embarqua sur-le-champ pour la France, où il arriva en 1786, et vint loger à Versailles. Il fut mieux que jamais accueilli du ministre, auquel il remit des lettres de M. de Choiseuil-Gouffier; et il resta dans cette ville jusqu'après les journées des 5 et 6 octobre.

Depuis long-temps on le pressait de retourner à Constantinople. Le sultan Abdulhamid était mort; son ancien maître, son protecteur, Sélim III, occupait le trône : c'était le cas de se présenter d'autant plus avantageusement, que, depuis 1787, la Porte était en guerre avec la Russie.

Engagé par ces avis, il revint à Constantinople, où il fut desservi par les courtisans, et le sultan refusa de le voir. Bientôt il se vit arrêté et mis dans un bateau sous la garde d'un tchiaoux de l'arsenal, qui avait ordre de lui trancher la tête quand il serait arrivé à Lemnos. Le sort d'Isaac bey semblait fixé, sa vie errante et agitée allait être terminée : c'en était fait, si le hasard, qui fit arrêter le bateau fatal aux Dardanelles, ne l'eût fait découvrir par deux Juifs, drogmans du vice-consul français qui réside dans la ville d'Asie. Il leur raconta le sort affreux qui lui était réservé, et, par l'entremise d'officiers algériens qui commandaient la flotte auxiliaire stationnée aux Dardanelles, Isaac bey fut enlevé, et sauvé. Il fit la campagne avec ses libérateurs, et vint ensuite demander protection à M. Amoureux, consul général de France à Smyrne, chez lequel il resta deux ou trois ans. Enfin, en 1792, lorsque Kutchuk Hussein pacha, qui avait été page avec lui dans le sérail, élevé ensuite au grade de bach-tchoadar, fut promu au poste de capoudan pacha, cet ancien ami lui fit savoir qu'il ne lui serait rien fait. Il quitta alors Smyrne, vint à Constantinople, où il rentra en grace. Depuis ce temps, Isaac bey n'a pas abandonné ce pacha, dont il a constamment été l'ami.

Je pourrais joindre à l'histoire, peut-être déjà trop longue, d'Isaac bey, celle de plusieurs autres grands de l'empire, non moins fameux par les persécutions qu'ils ont éprouvées. Mais, qui ne sait à quoi sont exposés les grands et les personnages distingués, sous un gouvernement despotique? Le sultan, dont la main dispense les faveurs, détruit d'un souffle, l'homme qu'il avait élevé et comblé de bienfaits; à sa voix, les ministres sont changés, et sa cour prend une face nouvelle; des pays heureux sont métamorphosés en solitudes! Que ne peut-il ainsi commander le bonheur, la prospérité, et les succès!...

Que dis-je! l'essence du despotisme est de tout flétrir et d'user promptement la nature même. Son empire tend à la destruction, et l'anarchie qui l'accompagne ou qui succède à la terreur par laquelle il se soutenait, étend au loin le deuil et la désolation.

CHAPITRE XX.

ESSAI SUR LES SAISONS, ET L'ÉTAT DU CIEL DE CONSTANTINOPLE.

La cour de Constantinople, dans laquelle on compte à peine quelques personnes distinguées, mérite, comme il est facile d'en juger par ce que j'ai dit, très-peu l'attention des voyageurs: je bornerai donc ici ce qui la concerne, pour parler d'un objet généralement important, qui est la température de Bysance.

Il suffit de faire attention à la position de cette ville, pour prononcer qu'elle est essentiellement saine. Baignée par la mer sur deux des côtés du triangle que décrit son enceinte, elle est bornée au nord par des plaines immenses, couvertes en été de moissons abondantes ou de bruyères odorantes. Le ciel de Constantinople, sans être aussi pur que celui de l'Attique ou de la Grèce, est beau et serein. On peut, année commune, en diviser ainsi les différens aspects; savoir : jours pluvieux, soixante-six ; neigeux, quatre ; brumeux, six ; temps couvert, vingt; variable, quarante; avec tonnerre, quinze; jours sereins, sans presque aucune altération, deux cent cinquante-quatre.

Deux vents principaux se partagent l'empire du climat de Constantinople d'une manière presque exclusive. Le vent du nord domine pendant neuf mois environ ; il tempère la chaleur de l'été, il rend à l'air sa salubrité et son élasticité; il tient ses qualités bienfaisantes du mont Hemus, sur lequel il passe. Le vent du sud règne en hiver, et il y a quelques journées où celui d'est se fait sentir; alors il est souvent accompagné de neiges. Au printemps, les vents varient à l'est, et en automne ils reviennent au sud.

Le printemps ouvre l'année, par une température douce, vers le milieu du mois d'avril; l'azur du ciel se purifie, les nuages plus rares ne forment plus que des masses blanchâtres qui se dissipent insensiblement; les brises du sud ramènent les oiseaux de passage, et la mer, plus calme, semble participer à la douceur de la saison. L'aquilon, qui se fait quelquefois sentir, apporte de temps en temps de froides giboulées, et vient attrister les parterres.

Les sites rians du Bosphore se parent cependant d'une belle verdure, et les forêts de Belgrade forment des berceaux délicieux. Image des bois antiques consacrés par un culte religieux, les Turcs ne souffrent pas qu'on y porte la hache, et ils conservent soigneusement les arbres anciens qui les décorent. La vigne, les arbustes qui ornent l'Asie, s'élèvent, fleurissent, et n'éprouvent que rarement les contre-temps de la saison.

L'été commence avec le mois de juin, les chaleurs se font sentir, à peine un souffle léger agite la surface des mers, et, au mois d'août, les champs offrent un aspect brûlé. Ce n'est alors que dans les forêts qu'on trouve de l'ombre et de la verdure. Cependant, le vent bienfaisant du nord s'élève et souffle chaque jour, depuis trois heures après midi, jusqu'au coucher du soleil, pour préparer des nuits délicieuses, qui remplacent la température élevée du jour. Rarement, ou pour mieux dire, c'est un phénomène extraordinaire, quand on ressent le vent d'Alep, dont M. de Tott fait mention dans ses Mémoires.

Les tonnerres, qui ont lieu de temps en temps, sont bruyans. Ils viennent de la partie de l'est et passent au nord ; ils sont accompagnés de pluies qui durent communément quarante-huit heures. Ce temps est ordinairement celui où la peste fait ses plus grands ravages. Avec l'automne, qui commence au mois d'octobre, tout semble prendre une nouvelle vigueur, et on pourrait même regarder cette saison comme la plus agréable pour Constantinople. La verdure renaît de toutes parts, et longtemps après l'émigration des oiseaux, on jouit encore d'une douce température; enfin, l'hiver ne commence que dans les derniers jours de décembre. Les montagnes de l'Asie se couvrent de neiges, tandis que ses plaines sont encore vertes. Les vagues de la mer Noire s'élèvent comme des montagnes. La nature semble agitée, et on voit des nuages livides qui donnent des pluies abondantes. C'est aussi l'époque des tremblemens de terre, dont les monumens existans attestent les ravages et la profonde impression. Les vents de sud viennent remplacer fréquemment ceux du nord, et, quand ils passent à l'est, la terre se couvre de neiges. Cependant, les hivers sont en général peu rudes, et l'histoire des derniers temps ne fait plus mention de ces fortes gelées qui enchaînaient les courans du Bosphore. Vraisemblablement que la température aura changé pour Constantinople comme pour le reste de l'Europe, quoique l'agriculture et la civilisation y soient en raison inverse du degré de splendeur, où elles sont parvenues dans les empires vosins.

On peut, d'après ce que je viens de dire, conclure que Constantinople jouit d'une heureuse influence du ciel, qu'elle n'est sujette ni aux très-grandes chaleurs, ni aux hivers rigoureux. Rarement le firmament y est obscurci pendant plusieurs jours, et on n'y voit que peu de brouillards. Une aurore poétique devance ordinairement le lever du soleil, dont le coucher a quelque chose de triste; car il reste je ne sais quoi de trouble suspendu dans l'air, jusqu'à l'apparition des étoiles.

Tout ce qu'il y a de malsain dans cette ville, les épidémies funestes qui la ravagent, pourraient être détruites par des soins éclairés, et par une administration sage. C'est au temps à produire cet heureux changement, qui n'existe encore que dans les calculs d'un avenir incertain.

CHAPITRE XXI.

ÉTAT DE LA TURQUIE EN L'AN VIII (1800.)

Un empire déchiré par les insurrections, et dans l'état de guerre, offre toujours de grands sujets de réflexions! Quelle devait être la splendeur des régions dominées par les Turcs, avant l'invasion des Barbares qui les désolèrent tour à tour? Qu'étaient-elles à l'époque où les intrépides sultans, dignes fils du grand Gengis, s'en emparèrent? Que sont-elles devenues entre leurs mains? Ce n'est pas ici l'objet qui doit m'occuper. Il demande des vues grandes et étendues que je chercherais inutilement en moi. J'éviterai aussi de me compromettre comme un écrivain qui, dans la dernière guerre, assigna le moment de l'entrée des Russes dans Constantinople, objet constant de leur envie.

Je dirai que l'ignorance, une fausse sécurité, un aveugle fatalisme, ont paralysé les bras d'une nation individuellement brave, mais qui n'a plus que la férocité en partage. Aveuglés par les souvenirs de leurs victoires, épouvantés par de prétendues prophéties, les Turcs marchent à grands pas à leur ruine. L'indiscipline dans les corps armés, l'état militaire négligé, aucunes troupes entretenues en temps de paix, des villes sans défense, des forteresses tombant de vétusté [1], les révoltes des provinces, l'insubordination des pachas, l'indépendance des régences de Barbarie ; une marine dans l'enfance avec de bons vaisseaux, des monnaies que le caprice a altérées ; tel est le tableau abrégé de cet empire.

Je me reporte au temps de la dernière guerre, pour la mieux faire connaître. L'armée qui vient de partir pour reconquérir l'Egypte est une lave

---

[1] On comptait alors au nombre des pachas rebelles, Dgezzar, à Saint-Jean-d'Acre ; Moustapha pacha, à la Mecque ; les pachas de Damas, de Bagdad ; Passewend-Oglou à Widin ; Ali, en Albanie ; et une insurrection qui désolait la Roumilie entière.

embrasée, qui détruit sur son passage jusqu'aux espérances de l'avenir. Son désordre ne peut être décrit. Toujours mécontente, parce que la discipline y est inconnue, elle peut à tout moment se révolter, et plus de la moitié des soldats quittera ses drapeaux avant d'avoir vu l'ennemi [1].

Cette invasion de l'Egypte a dévoilé de plus en plus la faiblesse de l'empire. A cette nouvelle, Constantinople est en alarme; le divan n'ose se prononcer, le mouphti refuse ses réponses. Il faut des alliés au faible Sultan, pour se décider à embrasser un parti : toutes les forces de son empire ne suffiraient pas pour se présenter devant une poignée de braves, qui occupent une de ses provinces.

Cependant, l'édit de guerre paraît, et le patriar-

---

[1] Comment peut-on compter sur une armée turque ? Si on réfléchit à la confusion qui en est inséparable, aux désordres, que le chef même est contraint d'y tolérer, ne doit-on pas plutôt s'étonner comment elle ne se dissout pas aussitôt qu'elle est réunie ? Qu'espérer de soldats, dont une partie ivre d'opium, dort ou est frappée d'inertie au moment d'une alerte, tandis que les autres ne s'animent que par les cris fanatiques des derviches qui les électrisent, ou par le mouvement qu'ils se communiquent ? Mais si un des orateurs est tué, si une seule voix d'alarme se fait entendre, alors les rangs se mêlent, et la déroute devient générale. La cavalerie, dans sa fuite, écrase l'infanterie, et on perd en un jour les moyens de continuer la campagne.

che grec fulmine, de son côté, contre les Français. Il s'agit, pour les Turcs, de délivrer les lieux saints; mais, le danger qui menace les deux villes sacrées, Médine et la Mecque, n'est pas assez éloquent pour opérer un armement spontané, il faut la presse dans Constantinople. Il faut des ordres aux pachas, et cette fois, l'Asie entière doit se lever pour écraser les infidèles qui ont envahi l'Égypte. On ne parle plus alors que de l'immensité des préparatifs : le bruit des armes retentit de toutes parts; de toutes parts, la mer et la terre semblent vomir des soldats en Syrie. Le pacha de Bagdad va se soumettre, il conduit une armée levée sur les bords de l'Euphrate; Alep fournit des légions; le pacha de Damas, ennemi juré du nom français, commande des forces considérables; le farouche Dgezzar a rassemblé vingt mille hommes; les bords du Jourdain doivent voir tant de guerriers réunis sous les ordres du vezir suprême.

La Mecque, Médine, les Arabes de l'Hiemen, les hordes errantes du désert, les peuples d'Yambo, se sont armés et traversent la mer Rouge. Unis aux Nubiens et au scheïks de la Haute-Egypte, ils attaqueront les Français dans le Saïd, avec le reste des mamelouks, commandés par le plus brave des Musulmans, le Circassien Mourad bey.

Un débarquement sera tenté par une troisième armée, aux ordres d'un pacha de l'Asie mineure.

Le génie de Bonaparte juge les desseins de l'ennemi, comme s'il eût assisté à ses conseils. Il voit le défaut d'ensemble et la lenteur de leurs préparatifs ; il passe, avec une partie de son armée, un désert jugé impraticable; il se rend maître de Gaza, de Jaffa, et il entre en vainqueur dans la Syrie. Tout cède à ses coups, le Jourdain roule, dans ses ondes, les débris de l'armée deux fois vaincue, et Ptolémaïs est ruinée par un siège terrible. A ces nouvelles, l'empire est consterné, la *Ville* [1] croit déjà voir le héros à ses portes. On le fait marcher aussi rapidement que la renommée qui porte et son nom et sa gloire ; le peuple enfin préconise celui qu'il regardait comme succombant, sous le poids de tant de forces réunies.

On apprend en même temps qu'une nouvelle secte de religionnaires [2] se forme en Asie; on croit que le moment fatal est arrivé. On commence à parler avec mépris des alliés, et de ceux qui ont conseillé la guerre.

Les alarmes si facilement conçues, ne tardent pourtant pas à se calmer, quand on apprend que

---

[1] Les Turcs et les Grecs surnomment ainsi Constantinople, Πόλις, de la Stambol et Stamboul, mots corrompus qui signifient Constantinople.

[2] C'étaient les Véchabis qui, l'année suivante, occupèrent les portes Caspiennes, et ravagèrent les bords de l'Euphrate, et qui viennent encore de saccager la Mecque.

les Français sont rentrés en Egypte. La défaite même de l'armée turque à Aboukir, qui fut un coup terrible, et *qui décida des destinées du monde,* ne put altérer la joie qu'on éprouvait, de voir hors de toute vraisemblance les projets des Français contre le siège de l'empire.

La destruction des hordes qui avaient pénétré dans la Haute-Egypte, la tentative inutile des Anglais sur Cossire, firent à peine impression. Le sultan crut avoir assez triomphé en voyant au pied de son trône les clefs de Corfou, qu'il ne devait pas posséder.

Cependant, les glorieux alliés de la Porte réparaient leurs escadres dans les ports de la Turquie, et l'Anglais se préparait à commander à Constantinople, comme il le fait sur les bords de l'Indus et du Gange.

La Porte ne gagna néanmoins rien par la retraite des Français de la Syrie.

A peine Dgezzar les eut-il vus s'éloigner de ses remparts, qu'il reprit ses sentimens ordinaires d'insubordination, et devint, comme auparavant, un sujet d'inquiétudes.

Le pacha de Bagdad n'envoya que de faibles subsides. Le reste de l'empire ne montrant pas plus de zèle, ce ne fut qu'après beaucoup de peines qu'on parvint à former une seconde armée, qui ne parut à Héliopolis que pour être dispersée et détruite.

CHAPITRE XXII.

SUITE DES ÉVÉNEMENS ARRIVÉS A CONSTANTINOPLE PENDANT MA CAPTIVITÉ. — SORTIE DU CHATEAU DES SEPT-TOURS.

Les événemens les plus remarquables qui se passèrent à Constantinople, pendant la dernière année de ma captivité, furent, quoique peu nombreux, dignes d'être remarqués comme préparant les desseins de la Russie.

Les politiques du pays, qui ne les apperçurent pas, ou qui feignirent de ne point les deviner, ne tinrent note que du cérémonial de la Porte, lors de la réception de quelques plénipotentiaires qui furent salués par le canon du sérail, chose jusqu'alors inusitée; ils consignèrent aussi dans leurs fastes, l'audience de lord Elgin, qui parut devant le sultan, accompagné de son épouse, que sa hautesse revêtit, ainsi que l'ambassadeur, d'une riche pelisse de seymour.

Mais, ce qu'il y eut de vraiment important, ce fut de voir Bonaparte, rendu à la France, rétablir l'équilibre de l'Europe, et dissoudre cette coalition monstrueuse qui avait médité la ruine des Français. Paul Ier., éclairé sur ses véritables intérêts, après avoir perdu ses meilleures troupes en Italie, en Hollande et en Suisse, avait donné à son escadre l'ordre de rentrer dans les ports de la mer Noire. Pour s'y rendre, elle reprit le chemin qu'elle avait tenu, et, forte de dix-huit vaisseaux, vint déployer son pavillon devant Constantinople, où elle mouilla, au mois de brumaire an 9, pendant près d'un mois. Les Turcs, étonnés à la vue de cette armée navale, tremblaient et murmuraient tout bas. On ne voyait qu'officiers russes parcourir, à cheval, les rues de Constantinople; et nous pûmes même, du haut de nos remparts, converser avec quelques uns dentr'eux, qui nous témoignèrent le plus grand intérêt, et le désir de nous servir, s'il avait été en leur pouvoir. Enfin, la flotte s'étant ravitaillée, mit à la voile pour sa destination; mais elle devait emporter avec elle de justes sujets de ressentiment.

Deux vaisseaux, qui en faisaient partie, eurent le malheur de toucher en sortant du Bosphore, et ils se virent forcés de rentrer dans le port de Constantinople pour se réparer. Les capitaines qui les commandaient, ayant voulu aborder à la ville pendant leurs instans de loisir, furent accueillis par une fusillade des galiondgis, au moment où leur canot approchait du rivage. Tous deux furent tués; et c'en était fait des matelots qui les accompagnaient, si quelques marins esclavons n'eussent volé à leur secours. A cette nouvelle, une sorte d'étonnement frappa les esprits, et le sultan ne fut pas sans éprouver des alarmes. Il donna ordre au capoudan pacha de rechercher les auteurs d'un forfait qui pouvait altérer la bonne intelligence qui subsistait entre la Russie et lui; tandis que M. de Tamara, alors ambassadeur, faisait rendre des honneurs funèbres à ses infortunés compatriotes, et instruisait sa cour de l'événement qui venait de se passer.

Kutchuk Hussein, alors capoudan pacha, pour satisfaire aux ordres de son maître, fit pendre deux galiondgis, déjà condamnés aux fers pour des crimes dont ils s'étaient rendus coupables, et parfaitement étrangers au délit qui venait d'avoir lieu. Leurs camarades, témoins de cette exécution, indignés de ce qu'on punissait des Musulmans pour avoir assassiné des Chrétiens, vinrent les détacher du gibet, et leur firent, contre l'ordinaire, de magnifiques funérailles, insultant doublement la Russie. Cette puissance pouvait demander raison : elle pouvait tirer vengeance d'un tel attentat; mais le moment, sans doute, n'était pas venu, et elle se contenta de s'emparer de la Géorgie, dont le divan put penser ce que bon lui sembla, sans oser manifester aucun mécontentement.

La Porte, au reste, semblait destinée à avoir des torts involontaires envers ses alliés, et vouloir justifier les Moscovites. A peine les premières impressions d'un événement inouï commençaient-elles à s'effacer, qu'une seconde insulte fut faite à des personnes de distinction.

M. de Tamara et son épouse, l'envoyé de Naples, celui de Suède, avaient obtenu un ferman pour visiter les mosquées : ils en avaient déjà parcouru plusieurs, lorsque les étudians de la Suleymanie, où ils se présentèrent, les insultèrent. Peut-être y eut-il quelques torts de la part des visiteurs, qui refusèrent de se conformer à certains usages établis; mais en vain ils présentèrent leur ferman, quand les têtes furent une fois échauffées, les étudians le conspuèrent, et commencèrent à frapper tous ceux qui se trouvaient sous leur main. Plusieurs dames furent blessées. La fermentation se propagea au dehors; et, pendant un instant, ce mouvement eut tout le caractère d'une sédition. Les femmes turques criaient par les fenêtres, d'assassiner ces chiens de Chrétiens. Personne cependant ne perdit la vie; et, à quelques coups près, chacun regagna, comme il put, le faubourg de Pera, avec matière à discourir pendant quelque temps.

Le sultan, affligé de cette catastrophe, (car, dans sa position, tout est sujet d'inquiétude) le sultan, dis-je, déploya un appareil terrible de vengeance contre ceux qui avaient méprisé ses ordres, et insulté ses alliés : il manda les drogmans des ambassadeurs offensés, et, devant eux, il fit étrangler quatre des principaux mutins, tandis qu'une trentaine furent roués de coups de bâton, et envoyés en exil. Enfin, ce prince, ami de la paix et de la justice, épuisa tout ce qu'il sut de moyens capables d'appaiser ceux qui avaient reçu un pareil affront.

Un événement qui eut lieu peu de temps après cet assassinat, aurait pu le justifier, en prouvant qu'il n'était pas sûr d'être mieux respecté lui-même, ni secondé par la garde chargée de la police de la ville, s'il avait besoin de son secours. Un barbier, livré à ses propres moyens, condamné à mort pour cause d'assassinat, fut près d'échapper au supplice qui lui était réservé. Retranché dans sa boutique, il fit feu sur les janissaires, qui s'avançaient pour le saisir; et, en ayant tué plusieurs, personne n'osait plus approcher de sa forteresse : traîner du canon contre une hutte, c'était le comble du ridicule; on résolut de la miner. Après avoir fait un trou dans lequel on fit rouler un baril de poudre, on y mit le feu, et l'échoppe sauta. Mais quelle fut la surprise des assiégeans! Le barbier, qui avait soupçonné le danger, s'était enveloppé d'un faisceau de linges mouillés; et, après l'explosion, il allait peut-être se sauver, si des bostandgis, qui fondirent sur lui, ne lui avaient tranché la tête.

Cet événement, qui vint distraire l'opinion publique, n'empêcha pas les ambassadeurs d'informer leurs cours de ce qui s'était passé. La Russie, cette fois, aurait probablement voulu se venger : déjà même des nuages s'élevaient sur son horizon; on était à la veille de grands événemens, lorsque la mort inattendue de Paul Ier. arriva !!! On oublia alors le passé. Avec l'avénement d'Alexandre, les affaires prirent une face nouvelle; les arsenaux, les ports où l'appareil des combats et des foudres de la guerre se préparaient, devinrent silencieux, et le temple de Janus fut fermé.

Les espérances de notre prochaine liberté furent aussi reculées : nous les perdîmes même presque tout à fait, quand nous sûmes que lord Elgin se rapprochait de l'ambassadeur de Russie; car, quoique ce ministre n'eût jamais personnellement agi contre nous, nous redoutions encore que quelque alliance ne vînt prolonger notre captivité.... Les choses arrivèrent d'une manière plus heureuse. On commença par expédier des fermans, pour rappeler les prisonniers déportés dans les châteaux de la mer Noire et de l'Asie mineure : nous fûmes moins surveillés; et enfin, après vingt-cinq mois de réclusion, le jour de la liberté brilla pour nous. Je vis s'ouvrir les portes des Sept-Tours; et, quoique mon ferman ne fût qu'une translation à la maison d'arrêt de Pera, je savais que j'allais être libre. On verra, par les observations que je recueillis, comment j'employai mes momens pour mettre à profit mon séjour en Orient.

CHAPITRE XXIII.

MAISON D'ARRÊT DE PERA. — COUP D'OEIL DE CE FAUBOURG ET DU CHAMP-DES-MORTS. — NOCES ARMÉNIENNES. — FÊTE DE LA CIRCONCISION DES ENFANS TURCS.

Mon intention n'est pas de rappeler les adieux que je fis en quittant les Sept-Tours, où je laissais MM. Ruffin, Keiffer et Dantan : ce ne fut pas sans verser des larmes que je me séparai d'eux. Une longue habitude, la communauté du malheur, avaient cimenté notre amitié, et je laissais mes compagnons d'infortune dans l'asile de la douleur.

Avant de sortir de cette prison, il fallut, par étiquette, payer une sorte de rançon à nos gardiens; et cet argent, quoique très-mal employé, dut être compté sur-le-champ. Après quoi vinrent les bénédictions, les souhaits de prospérité, et d'un prompt retour en France, que je n'entendis qu'à moitié, tant j'étais fatigué de mes gardiens.

Je vins avec M. Paul, drogman de Danemarck, porteur de mon ferman, et mon camarade Fornier, qui était sorti quelques jours avant moi, m'embarquer à l'échelle de Saint-Mathias, ou l'samathia, comme disent les Turcs du quartier. C'est un lieu extrêmement sale, empoisonné par l'odeur qui s'exhale de quelques fabriques d'amidon, qui s'y trouvent. Nous longeâmes Constantinople, et, chemin faisant, M. Paul nous proposa d'aller voir la pompe du sultan, qui se trouvait sur la place de l'Hippodrome.

On célébrait en ce jour la fête de la naissance de Mahomet, et, au lieu des derviches dégoûtans, des seïdes, des santons et de la populace fanatique, qu'on voit en pareil cas dans les places du Caire, on jouit à Constantinople d'un spectacle vraiment noble dans son genre.

On voit les corps de l'Etat dans leur costume pompeux, les janissaires bektadgis avec leurs larges manches; les bostandgis, les oulemas; enfin, le sultan environné d'une multitude de tchorbadgis, dont les casques magnifiques forment, par leurs panaches, une forêt sur laquelle il semble élevé comme sur un trône ondoyant, ces casques dérobant aux regards le coursier fougueux qu'il monte. A la douceur de sa physionomie, à la bonté qui éclate sur sa figure, à la majesté qui respire dans ses traits, plus qu'au luxe de ses vêtemens, on connaît

Sélim, le meilleur et le plus malheureux des princes...... Après avoir fait sa prière dans la mosquée de sultan Achmet, il remonta à cheval pour se rendre au sérail, environné de la pompe qui l'avait accompagné.

Pendant que cette cérémonie se passait sur l'Hippodrome, les occupations de la ville n'étaient pas suspendues, et je fus étonné de l'activité qui régnait sur le rivage oriental du port, quand je mis le pied à Tophané. Mais, bientôt des hordes de chiens vagabonds, qui fondirent sur nous, nous obligèrent de nous tenir sur nos gardes, et j'observai qu'ils n'en voulaient qu'aux Francs, qui vraisemblablement, en les maltraitant, ont encouru la disgrace de ces animaux hideux.

Pour monter de Tophané à Pera, on loue ordinairement des chevaux qui se trouvent auprès d'une grande fontaine d'un genre chinois, qui est voisine du rivage. Pour nous, comme nous étions peu fatigués, nous gravîmes cet espace à pied, et, après avoir salué M. le baron d'Hubschs, ministre de Danemarck, chez lequel on nous conduisit, nous allâmes ensuite à la maison d'arrêt des Français, à Pera. Nous y trouvâmes les négocians réunis et quelques consuls du commerce, qui nous accueillirent amicalement. Nous aurions pu passer plusieurs mois avant d'avoir entendu le récit des aventures de chacun d'eux, et je préférai mettre à profit la liberté de sortir, qu'on m'accorda dès le même jour, pour parcourir Pera.

Mes pas se portèrent d'abord chez mon ami, M. Flury, consul général de Valachie, auquel je devais ma liberté, et qui, dans cette circontance, fut l'ami, le soutien et le protecteur des Français prisonniers dans le Levant. Il devait cet avantage à l'estime dont il jouissait auprès des ministres étrangers à Constantinople, estime méritée par un long séjour dans l'Orient, et par les qualités rares qui lui concilieront toujours l'amitié de ceux qui le connaissent.

Après avoir salué M. Flury, je m'acheminai vers la promenade par excellence, connue parmi les Francs sous le nom de *Champ-des-Morts*, et que les habitans de Pera appellent, dans leur grec, *Mnimata*, ou les Tombeaux. Pour s'y rendre, il fallut suivre la grande rue de Pera.

On peut difficilement se faire une idée de la foule qui l'encombre vers le soir ; les rues les plus fréquentées de Paris n'offrent pas une semblable affluence : à la vérité, le concours n'est pas aussi nombreux pendant toute la journée ; mais, en ce moment où les travaux finissent pour toutes les classes industrieuses ou manouvrières de la société, chacun regagnant sa maison, les Francs allant à la promenade, il arrive qu'on se heurte, se presse et se coudoie sans cesse. Malgré cela, on peut facilement s'entendre ; car il n'y a point de voitures : aussi chacun parle-t-il avec son ami, son voisin, ou quelqu'un de sa connaissance; et la conversation roule toujours, entre les habitans de la ville, sur des objets d'intérêt particulier. Quel pourrait être en effet, sans cela, l'entretien d'un Arménien, d'un Grec, bourgeois de Constantinople, qui ne connaissent rien à ce qui se passe en Europe, et qui ne paraissent pas même s'en inquiéter? Faits pour être gouvernés, il leur semble que l'ordre des choses qu'ils voient a toujours existé, et ils s'y conforment.

On ne manque pas, en se rendant au Champ-des-Morts, de montrer à un étranger une fontaine turque enfermée dans un pavillon de forme octogone, qui se trouve sur la gauche, à l'extrémité méridionale de la rue de Pera, et elle mérite quelque attention. Le bruit de son eau, fournie par les aqueducs de Belgrade, et qui jaillit de huit tuyaux disposés au dessus d'un entablement; ce bruit, répété par l'écho de la voûte, permet à peine de s'entendre. On peut lire au dessus de la porte une inscription turque. Plus loin, on trouve l'hospice français consacré aux pestiférés. Il était alors tenu par *Dom Germano*, prêtre arménien, vieillard d'une physionomie noble, et remplie de sérénité. Il vivait depuis plus de cinquante ans au milieu de la contagion, et son dévouement, son abnégation profonde de la vie, ne l'avaient pas garanti de la haine et de l'envie que son attachement à la France lui avait attirées. Il était cependant dans un âge où l'erreur même mérite de l'indulgence; et ses cheveux blancs, quatre-vingts années qu'il comptait, commandaient assez les respects, pour faire oublier ses torts, s'il en avait eu réellement.

L'hospice dont il était directeur, et qui est situé à l'extrémité du faubourg de Pera, décrit un parallélogramme enfermé de hautes murailles: on y trouve un jardin qui était assez bien cultivé alors, un puits dont l'eau est potable, une citerne, des espaliers, une maison pour les religieux; un second corps de bâtiment, où sont ce qu'on appelle les infirmeries, qui consistent en une douzaine de chambres, qui ont un corridor commun séparé par de petites barrières qu'on tient fermées, afin d'intercepter la communication entre les malades; quand la peste exerce ses ravages. Il règne une très-grande propreté dans ce bâtiment, où l'air est pur, et circule facilement: il était occupé, dans le temps où je le visitai, par les femmes de quelques militaires de la sixième demi-brigade, qui avaient été conduites à Constantinople.

A deux cents toises de là, on arrive au Champ-des-Morts: cette promenade est ainsi nommée, à cause de la réunion des cimetières qui l'environnent. Là, chaque secte repose sur un coin de terre séparé de l'autre, et de hautes-futaies recouvrent les tombeaux. A l'occident, se trouve le vaste cimetière des Turcs; à l'orient, celui des Arméniens; et, dans un espace moyen, celui des Francs, divisé, par la forme des tombeaux, en cimetière *catholique* et cimetière *protestant*. Sur les tombeaux des Francs, on lit quelques inscriptions qui rappellent peu de souvenirs; et les pierres funéraires des Arméniens, outre les inscriptions, portent des figures emblématiques qui rappellent l'état ou la profession du défunt. Sur la plupart, on voit l'équerre, le compas ou le trébuchet; ce qui prouve que, parmi les hommes de cette nation, il y a beaucoup de maçons, d'architectes et de changeurs d'or et d'argent.

Dans l'espace compris entre les cimetières turcs et arméniens, à l'orient du cimetière franc, l'usage a consacré une promenade : c'est là où, vers le déclin du jour, on se rend pour jouir de la vue la plus agréable, peut-être, qui soit au monde. L'œil embrasse les sinuosités du Bosphore, sur lequel voguent, entre des rives magnifiques, des vaisseaux de toutes les nations, et des barques légères et élégantes. On voit en même temps les vallons de l'Asie, la ville de Scutari, l'archipel des Princes, la mer de Marmara, et l'immensité de Constantinople. Les heures coulent avec rapidité au milieu de ce site, où il serait difficile de s'ennuyer, si ce n'était presque la seule promenade. Les dames, assises sur de petits tabourets, forment des cercles où chaque société, chaque famille se réunit et s'assemble. On voit, à l'extrémité méridionale, une sorte de hangar de forme ronde, décoré du nom de café, où quelques musiciens barbares jouent du tambour, ou mandoline turque. On y vend aussi du café et quelques mauvais rafraîchissemens. Le dimanche est le jour où les réunions sont les plus nombreuses au Champ-des-Morts. On a vu quelquefois les sultanes s'y promener avec une suite peu nombreuse, ainsi que quelques unes des premières dames turques de Constantinople. Quoique couvertes de leur voile, elles ont soin, ce jour-là, que la mousseline en soit claire, et elles affectent de laisser voir leur gorge, qui n'est pas, en général, celle des formes, par où les Orientales brillent.... Malgré la beauté du site, un Européen trouve bientôt de la monotonie au Champ-des-Morts, où les mêmes figures se rencontrent toujours. La prudence veut qu'on quitte cette promenade avant la nuit, où certaines rues de Pera ne sont pas même toujours très-sûres.

De ce nombre, étaient celles qui environnaient la maison d'arrêt des Français, située dans un quartier appelé *Keratochori*, ou village des Cornes. Cette maison était d'ailleurs elle-même environnée de tavernes, de khans et de lieux publics fréquentés par les galiondgis, qui sont les ennemis nés de l'ordre public. Les craintes qu'on inspire sur ces malfaiteurs, ainsi que sur les

Esclavons, qui couchent sous les boutiques et dans les rues, paraissent être justement fondées. En général, à Constantinople, les Turcs se retirent avec la nuit; et, dans ce moment, on ne sort à Pera que pour aller en société, précédé d'un domestique, chargé d'éclairer. Tels sont les plaisirs de ce faubourg, qui offre une bigarrure singulière de livrées, de costumes, et dans la société une véritable confusion de langages, dont les natifs de Pera, qui savent le turc, le grec, l'italien et le français, ne parlent, malgré cela, aucun avec pureté.

Les cérémonies qu'on voit de temps en temps traverser Pera, méritent, par leur bisarrerie, de fixer l'attention. J'y vis un jour défiler un cortège assez étrange, qu'on me dit être une noce arménienne; et j'eus besoin qu'on m'en avertît, tant les figures étaient tristes et graves.

La marche était ouverte par des joueurs de violon et de flûte, qui faisaient un charivari épouvantable, avec des danseurs qui chantaient et trépignaient en même temps; un groupe de parens marchait après eux. Venaient ensuite des hommes portant des torches de cire jaune, qui semblaient escorter un convoi funèbre, ou précéder une amende honorable. On voyait, immédiatement après eux, la mariée, soutenue par deux de ses proches parens. Elle était logée, de la tête aux pieds, dans un sac; mais, afin que sa respiration ne fût pas gênée, on avait eu la précaution, avant de l'affubler ainsi, de lui mettre un plateau sur la tête, afin d'éloigner de sa bouche les parois du sac. Elle était séparée de son époux par un groupe de convives. Celui-ci venait seul, enveloppé de nappes, les mains croisées et appliquées sur la poitrine. Sa tête, environnée d'un schall de soie roulé, et penchée sur l'épaule gauche; ses longues moustaches, son attitude larmoyante, lui donnaient plutôt l'air d'un homme qui va expier une faute, que d'un époux prêt à recevoir la couronne de l'hyménée.

Derrière lui, je ne sais pourquoi, étaient deux Arméniens, tenant à la main deux sabres rouillés dont ils paraissaient avoir peur, et qu'ils élevaient de temps en temps comme pour menacer le ciel. Le reste des parens suivait d'un pas méthodique et lent. Comme la noce se passait dans le voisinage, j'eus lieu de m'appercevoir que les bons Arméniens ne perdaient pas leur temps en cérémonies vagues; car le banquet dégénéra en une orgie scandaleuse, qui se prolongea, sans interruption, pendant trois jours et trois nuits.

La pompe d'une noce turque, dont je fus témoin quelque temps après, m'amusa un peu plus par la variété et les événemens qui l'accompagnèrent. Le cortège traversait d'Asie en Europe, monté sur les caïques élégans de Constantinople, qui effleurent à peine les vagues. La jeune épouse, couverte de voiles, environnée de femmes, occupait un bateau à quatre paires de rames ; plusieurs autres étaient remplis de joueurs d'instrumens ; enfin, sur ceux qui voguaient en avant, étaient deux bouffons montés sur le tillac du frêle caïque; ils soufflaient dans une espèce de trompe en *gambadant*, et faisant des grimaces *accompagnées de sauts*, qui occasionnèrent une culbute facile à prévoir. Le bateau chavira, et, dans un clin d'œil, les mimes et leur compagnie furent à dix pieds sous l'eau, sans que le cortège s'en étonnât. Ils reparurent bientôt, lançant, comme des souffleurs, l'eau qu'ils avaient avalée, et dans l'état le plus comique du monde ; ils s'accrochèrent au bateau jusqu'au rivage, où ils arrivèrent l'oreille basse, et confus. Quant aux bateliers, ils parvinrent à remettre leur caïque en équilibre; et, maudissant les délis, la noce et leur mauvaise fortune, ils suivirent pourtant de près le cortège, afin de se faire payer.

A peu près dans le même temps, une fête d'un autre genre s'offrit à mon observation : elle avait pour objet les réjouissances qui se font à l'époque de la circoncision des enfans de quelques seigneurs de la ville.

Des bouffons précédaient encore la marche, et, après eux, venaient des gladiateurs, frappant leur bouclier. Ces ridicules personnages étaient les *pions*, ou avant-coureurs de la marche, qui s'ouvrait par un corps de janissaires, dont le saka n'était pas le personnage le moins curieux. Son habit, de cuir noir de Hongrie, plus propre à couvrir l'impériale d'une voiture qu'à vêtir un homme, et que renforçaient encore d'énormes boutons de métal, était soutenu par deux hommes qui l'aidaient à en supporter le poids.

Après ce groupe, on portait un arbre artificiel en papier doré, peint, chargé de banderoles et de fils d'or, qui s'élevait jusqu'à la hauteur d'un premier étage. J'en comptai cinq de la sorte qui séparaient des derviches, des oulemas, et un corps de cavalerie. Les enfans, montés sur des chevaux magnifiquement enharnachés, étaient stupéfaits de cet appareil, qui avait quelque chose de bisarre et de grave. Le cortège, après avoir mis plus d'une heure à défiler dans Pera, dont il égalait plusieurs fois la longueur, alla s'établir du côté de *Dolma Bakché*, où l'on avait dressé des tentes. Le soir, il y eut danse d'ours, exercice de dgerid, marionnettes, concerts, et autres divertissemens analogues au goût du pays.

CHAPITRE XXIV.

GRANDS DE L'EMPIRE. — USAGES. — ÉTIQUETTE. — BUREAUX DES MINISTRES. — IDÉES DES TURCS SUR PLATON.

La cour du sultan forme, dans Constantinople, un monde à part, qui a ses usages, sa langue et son ton. On trouve, parmi les grands de l'empire, de l'urbanité, des prévenances, et l'étiquette portée à un plus haut point qu'on ne s'y attendrait. C'est à quelques fanatiques et à la populace, qui est la même à Bysance qu'à Londres [1], qu'on doit les vexations et les insultes : mais, comme on sait, cette classe ne s'améliore qu'avec des siècles, ou plutôt ne change jamais. Cependant, les grands du jour sont tirés de la fange : le vezir *Jezouf* a été marchand de riz; le capoudan pacha était un pauvre esclave Géorgien, et les autres personnages de la cour ne sont pas plus illustres. Le dernier des bateliers peut, demain, être créé pacha...; et, par un privilège assez étrange, ce Turc, en arrivant au poste qui lui est attribué

---

[1] Les mots de *French dog* sont aussi familiers dans la bouche du peuple à Londres, que ceux de *Keavours* et *Kiopeck* à Constantinople, pour insulter un Chrétien.

par son maître, prend un ton de dignité qui étonne; on a peine à croire à la métamorphose.... L'habit, en cela, sert-il le personnage? lui donne-t-il un masque de grandeur?.... Je le laisse à décider. Cependant, ces mêmes hommes connaissent les ruses de la politique, et ses délais; leur maxime favorite, qu'*il faut chasser le lièvre en charrette*, ruine souvent les calculs de la diplomatie européenne : ils ne savent rien ; mais souvent ils ont du génie ; ce qui vaut mieux que l'érudition, pour gouverner. Malheureusement, dit-on, ils écoutent trop les préjugés nationaux; mais il convient de les connaître avant de les juger ; et ils font peut-être mieux de rester tout à fait Turcs, que d'être demi-civilisés : ils devaient s'éclairer, ou rester tels qu'ils sont.

J'ai dit que le langage et le ton du sérail différaient de celui de la ville : en effet, on y parle d'une manière plus épurée et plus correcte ; à peine ose-t-on effleurer certaines lettres, dont la prononciation affligerait des oreilles accoutumées au murmure agréable d'une langue douce, comme la langue turque.

On tient aussi en général aux prévenances, à la propreté des vêtemens, qui changent suivant les saisons; car il y a des pelisses de printemps, d'été, d'automne et d'hiver, et des habillemens qu'on prend à la cour à des époques fixes.

Les bureaux, peu nombreux, sont remplis de

jeunes gens qui expédient les ordres du vezir, du reis-effendi, ou enfin des chefs dans le département desquels ils se trouvent. Mais ils ne connaissent point cet encombrement d'écritures, cette multitude de lettres, de placets et de requêtes, qui inondent les cabinets des ministres de l'Europe. Un simple carré de papier renferme l'ordre laconique d'un vezir, qui sanctionne ou rejette un acte. Les commis, assis sur un sopha, les jambes croisées, la pipe à la bouche, fument et écrivent tout à la fois. Un simple carreau leur tient lieu de table, et une petite boîte est le secrétaire où ils renferment leur papier, l'encre et la plume de roseau dont ils se servent, et ils travaillent aussi machinalement qu'ils fument. Cependant il se trouve, comme par-tout, des hommes qui sortent de cette carrière, pour arriver aux premières places de l'empire. Heureux ceux qui sont studieux et avides d'instruction ; ils ne tardent pas à être distingués : il y a une sorte de justice qui les fait sortir de la foule !

Le Turc est un observateur éclairé sur ses intérêts ; mais il est peu curieux de s'instruire. Le nombre de ses livres s'est cependant augmenté de quelques uns de nos bons ouvrages de sciences. Ainsi, Bezout a été traduit par Sélim aga, et il me communiqua l'intention où il était de traduire en turc *la Chimie de M. Chaptal*. Mais les livres dans lesquels on puise l'instruction sont les histoires, les traditions, ouvrages d'une telle extravagance, qu'ils permettent à peine d'y recueillir quelques faits épars : on peut même dire que les Orientaux se sont arrangé une genèse, une chronique, et une histoire tout exprès. Ils ne parlent, dans leurs fastes, que de victoires, d'ennemis subjugués, de villes détruites. Dans leur chronique, ils mettent l'Histoire en contes. Pour donner une idée de leur manière de mutiler les connaissances anciennes, je citerai cet article d'un Dictionnaire persan et turc, où ils traitent l'article de Platon :

Platon, qu'ils nomment *Flaton*, était un savant distingué, qui fut chargé de l'éducation du fils d'un roi de l'Irak.... dont ils ne désignent pas le pays. Ce roi le fit son *grand vezir*, et il n'y avait sorte de graces dont il ne le comblât; mais il lui recommandait sur-tout l'éducation de son fils. Platon y donnait en conséquence tous ses soins, sans que l'élève profitât. Il le disait au roi, qui ne croyait pas la chose possible, n'ayant jamais été éconduit en rien.

C'était un usage dans le pays que, chaque année, les jeunes gens montassent sur une tribune élevée, d'où, en présence des plus illustres personnages, ils étaient interrogés et recevaient le prix de leurs travaux.

Le roi voulut, contre l'avis de Platon, que son fils y parût. Mais, hélas ! les volontés d'un monarque ne donnent pas la science! Le jeune prince ne put articuler un mot. Le roi s'emporta, et dit à Platon que c'était sa faute; qu'il n'avait pas pris un soin assez particulier de son fils. Platon, se prosternant devant le roi, lui répondit qu'il allait juger du contraire : Vous voyez, ajouta-t-il, ce jeune esclave, (en lui montrant un enfant) il n'a entendu que de loin les leçons que j'ai données au prince votre fils : ordonnez qu'il paraisse sur la tribune, et vous aurez une idée des choses que j'ai enseignées au prince.

Le roi y consentit, et le jeune esclave, qui était Aristote, ou, suivant eux, *Aristotelis*, étonna l'assemblée, et se fit dans la suite une gloire qui vivra éternellement. Ils écrivent ainsi les faits historiques les plus incontestables, qu'ils assaisonnent des traits de leur génie, enclin au merveilleux.

La poésie orientale dédommage du défaut de mérite des historiens; on y trouve des images agréables, des pensées délicates, et pourtant peu de goût. Il ne m'appartient pas, au reste, de m'élever en juge sur cet article, dans lequel je fais profession d'une parfaite ignorance. J'ai entendu pourtant bien des gazels ou odes, qui avaient de la fraîcheur et du coloris. La mythologie des Orientaux, peu variée, n'offre que l'hymen du rossignol et de la rose, des pluies d'essences, de fleurs et de diamans; les teintes de la mélaneolie qui vient, comme la nuit, montée sur un chameau brun, lorsque le soleil va se coucher derrière les montagnes de Caf. Ainsi, comme on voit, le champ des allégories est borné et offre peu de comparaisons ; mais l'imagination y supplée.

CHAPITRE XXV.

MUSIQUE TURQUE. — PROMENADE DE DOLMA BAKCHÉ. — SÉLIM AGA. — ARRIVÉE DES PRISONNIERS DE LA MER NOIRE.

Je crains la musique turque, quoique plusieurs savans écrivains en aient fait l'éloge. Dieu garde un Européen de l'entendre, quand il se rend à Dolma Bakché, pour respirer le frais d'un bel après-midi.

Je ne sais pourquoi on ne varie pas quelquefois la promenade du Champ-des-Morts, pour venir s'asseoir sous les arbres de Dolma Bakché; on ne peut pas toujours admirer les sites du Bosphore, et on respire un frais délicieux en cet endroit, où se trouve le palais d'été du sultan.

Pour s'y rendre de Pera, on passe entre les bois antiques de cimetières qui bordent le chemin, et on laisse sur la gauche le *Sampson Kané,* ou chenil du sultan, qui renferme d'énormes dogues chargés d'embonpoint, et très-féroces. A un demi-mille de Pera, on descend une pente rapide, et, après avoir passé un pont en pierre établi sur un torrent, on arrive au vallon de Dolma Bakché. Là, commence le palais d'été du sultan, qui s'élève sur un coteau voisin. On trouve, sous les arbres, des cafés tenus par des bostandgis, qui servent les étrangers avec honnêteté. Le vallon s'étend de l'est à l'ouest, environ mille pas, et sa largeur, du nord au midi, est de deux cents à peu près; le rivage de la mer, vers l'ouest, est bas et orné de quelques saules pleureurs; de hauts platanes, de beaux arbres, forment une futaie vers le nord, où sont les cafés et un pavillon criblé par les coups de dgerid; plus loin, vers l'orient, on trouve des jardins, et le chemin par lequel on gravit au Champ-des-Morts; enfin, de ce côté, à l'extrémité des murs du palais impérial, il y a un bassin où des Turcs vendent encore du café. Malgré l'aridité du sol, il est environné de hauts jasmins chargés de fleurs doubles, dont l'odeur est surtout délicieuse vers le soir. Les murs du jardin du sultan longent toute la partie méridionale du vallon, sur le coteau duquel ils sont bâtis. A l'extrémité, près de la mer, on remarque un keosk, (ou pavillon) où le grand-seigneur vient se placer, pour jouir du spectacle du dgerid, que ses pages lui donnent.

C'est là, sous ses yeux, dans ce vallon dont le niveau est sablé et assez régulier, que les jeunes ichoglans se meurtrissent impitoyablement à coups de dgerid. Les trous dont le keosk de gauche est criblé, attestent la force avec laquelle ils lancent le bâton ou dgerid : aussi en remporte-t-on quelques uns qui auraient besoin d'être trépanés, et la majeure partie se retire avec des contusions. C'était dans ce même lieu que le général Menan, envoyé par le gouvernement français à Constantinople, dressait aux manœuvres européennes de l'artillerie légère, les compagnies turques qu'on forma en 1796.

Le palais du sultan, appelé palais de Bechiktasch, est bâti sur le bord de la mer, dont il n'est séparé que par un quai fort étroit : cet édifice est une miniature, à cause de la façade, peinte en entier sur les murs et sur les jalousies, et qui représente un paysage infini. On voit, dans son intérieur, des jardins incultes, des terrains arides; et je tiens de M. Melling, qui a travaillé aux appartemens, que tout y est mesquin et médiocre. Dans la dernière année qui précéda la guerre avec la France, le sultan voulut y jouir du spectacle de la comédie. Il fit appeler pour cela quelques Italiens qui se trouvaient à Pera, et on monta une pièce. La douceur de la musique italienne, ses charmes ne parurent pas toucher Sélim; les danses européennes ne furent guères plus de son goût : mais, quand il vit les funambules, il vanta l'adresse des Chrétiens, et toute son admiration suffit à peine pour contempler un homme qui marchait sur les mains.

On le régala aussi de la pièce des *Brigands de la Forêt-Noire*, mise en pantomime, qui fut fort de son goût, et qu'on représenta dans le harem de Constantinople.

Ce fut à une des promenades de Dolma Bakché que je fis connaissance d'un Anglais connu de tous les Européens qui ont demeuré à Constantinople, sous le nom de Sélim aga. Employé comme officier du génie à la Jamaïque et dans l'Inde, des motifs de mécontentement, ou toute autre raison, le portèrent à embrasser l'Islamisme, dont il n'a que le turban. Ses connaissances lui frayèrent bientôt une route auprès des grands de l'empire ; et, en 1801, il était attaché au service du caïmacan, comme secrétaire. Depuis son changement de religion, il était retourné en Angleterre, et il se proposait de visiter la France à la paix. Il s'occupait, quand je le vis, à traduire en turc quelques bons ouvrages de sciences. Sa barbe, sa physionomie le faisaient facilement distinguer entre les Musulmans : il fréquentait ordinairement le palais des ministres et les Français, qui avaient des préventions peut-être mal fondées contre lui.

Les prisons de la mer Noire s'ouvrirent en même temps que celles des Sept-Tours, et je vis bientôt arriver à Constantinople les Français détenus à Kerason, à Synope et à Amassera : tous étaient accueillis avec transport, et semblaient, par l'espo. de rentrer bientôt en France, avoir déjà oublié leurs malheurs. Je sentais aussi que cette époque ne pouvait pas être bien reculée, et je redoublais de zèle pour voir tout ce qui pouvait piquer ma curiosité.

CHAPITRE XXVI.

MARINE TURQUE. — BASSIN DE CONSTRUCTION. — ÉTAT DU PORT. — ÉCOLE DE DESSIN. — IMPRIMERIE. — BUREAU TOPOGRAPHIQUE.

Douze vaisseaux de ligne, et quinze belles frégates, composaient la marine turque en 1801 ; outre cela, il y avait encore sur les chantiers deux vaisseaux de ligne, dont un de quatre-vingts canons, et l'autre de cent vingt, et on en finissait deux autres dans les ports de Synope et de Rhodes. Un ingénieur suédois, M. Rhodez, avec une compagnie d'ouvriers de sa nation, avait bâti un bassin de construction, que j'allai visiter avec M. Benoit, qui avait succédé à M. Lebrun, en qualité d'ingénieur-constructeur. Ces deux ingénieurs français, Français d'origine, avaient été séparés de leur patrie par les malheurs de la révolution, et ils avaient monté la marine turque sur un pied respectable.

Je parcourus successivement la salle des coupes, située dans le jour le plus favorable, pour les dessins en grand qu'on y exécute; je pus me convaincre de l'état des chantiers qui étaient parfaitement approvisionnés, aussi bien que les magasins de la marine. On s'étonne comment la Porte, sans plan de finances, avec des revenus que les révoltes des pachas rendent incertains, fait face à ses dépenses, sans former d'emprunt.

Je refusai de m'approcher du bagne, où gémissaient encore mes malheureux compatriotes, et j'allai payer le tribut que tout étranger doit à un lieu charmant, connu et décrit sous le nom des *eaux douces*. Les Turcs laissent dégrader cet agréable rendez-vous, où le sultan vient respirer quelquefois, loin du tumulte de la ville, et des respects fatigans de sa cour, dans un petit palais construit sur le modèle de la maison de Fontainebleau.

Quelques jours après, j'allai visiter l'Ecole de Dessin, qui est sur la rive orientale du port, aux environs de la caserne des comparadgis, ou bombardiers. Elle était dirigée par un Français de Toulon, appelé M. *Ricard;* l'amitié qu'il m'avait témoignée m'engagea à me rendre à son académie. Ses élèves, tous Turcs, étaient honnêtes et prévenans; je les vis occupés, les uns à dessiner des cartes, d'autres à les graver sur le cuivre, pendant qu'une partie travaillait à corriger des épreuves. Leur collection, qui pourtant ne commençait qu'à se former, renfermait déjà quelques matériaux précieux, relatifs à l'Asie mineure, et aux pays voisins de la mer Noire.

Dans le même bâtiment se trouvait une imprimerie dirigée par des Arméniens; le prote nous fit voir une grammaire grecque, et les feuilles d'un dictionnaire *in-folio*, turc, arabe et persan, qu'on imprimait, et qu'on se proposait de vendre trente piastres l'exemplaire [1]. Je comptai six presses, et une infinité de caractères français, turcs et grecs, dont la majeure partie avait été enlevée du palais de France au moment de la déclaration de guerre.

Il y avait dans le même bâtiment des salles pour tenir les classes de dessin, et je fus surpris, en parcourant les appartemens, de trouver, au premier étage, un mortier à bombes, fondu à Douai, orné de fleurs de lis, et monté sur son affût.

Je ne doute pas, si les Turcs conservent M. Ricard à la tête de leur bureau topographique, qu'ils ne parviennent à avoir bientôt des ingénieurs-géographes qui pourront lever les

---

[1] Il a été mis en vente il y a dix-huit mois.

cartes de leurs provinces; mais je me garderais bien, si ma voix pouvait être entendue, de leur exalter trop les avantages de cette institution: c'en serait assez pour exciter leur méfiance, et pour la faire tomber.

CHAPITRE XXVII.

EXCURSION A BOÏOUKDEYRÉ ET A BELGRADE.

On ne vient point à Constantinople sans visiter Boïoukdeyré et Belgrade, et un double motif me portait à me rendre au premier de ces endroits, pour remercier M. Fonton, conseiller d'ambassade de Russie, qui avait pris part à ma délivrance. Je ne fus pas moins enchanté de ses manières agréables, et des graces touchantes de sa charmante épouse, que la mort lui a trop tôt ravie, que de la beauté de Boïoukdeyré. Accueilli, reçu dans sa maison, je pus, pendant plusieurs jours, faire des courses aux environs, et satisfaire ma curiosité. Mes premiers pas se portèrent vers les palais de Russie et de Danemarck, ne pouvant alors visiter celui de France, qui se trouve bâti sur les hauteurs de Tarapia, à la pointe occidentale du golfe. J'observai, dans le premier de ces édifices, qui était celui de Russie, le goût européen uni au style oriental, et quelque chose d'agréable dans les jardins qui s'élèvent sur le terrain inégal d'une montagne, qui forme le fond du rideau des maisons de Boïoukdeyré. Une infinité d'avenues et de sinuosités aboutissaient à des vues plus ou moins pittoresques de la mer et de l'Asie, et le sommet du coteau était couronné d'un taillis agréable.

De Russie, je passai en Danemarck; et les frontières ne me furent pas disputées, étant conduit par Mme. Fonton et ses charmantes sœurs. Un vieux jardinier de son excellence M. le baron d'Hubschs, ministre de S. M. danoise, ouvrit les barrières. Nous nous reposâmes sur plusieurs tertres et sous des charmilles symétriques: nous vîmes des jets d'eau; et, sur la porte de la maison du baron de Grosbak ou de Boïoukdeyré, qu'on peut traduire baron de Grandval, je lus une inscription latine, portant, autant qu'il m'en souvient, que *sa maison avait été bâtie au lieu où elle se trouvait.* Le fils du baron, qui vint nous joindre, nous ayant invités à entrer, je remarquai dans l'intérieur du palais, à chaque côté des portes, deux grenadiers de grandeur naturelle, peints à fresque, qui composaient la garde ordinaire de son excellence.

Le soir, nous longeâmes le quai et le bourg de Boïoukdeyré, qui ont ensemble près d'une demi-lieue de long, pour nous rendre à la promenade appelée Prairie. J'admirai la beauté du golfe de Boïoukdeyré, où une dernière division de la flotte russe venait de jeter l'ancre avant de se retirer à Cherson. Lorsque nous entrâmes dans le bourg, formé par une seule rue, j'y observai quelques maisons bien bâties, occupées par des négocians, la plupart français, et, vers le milieu, l'*Albergo civile*, ou auberge ouverte aux étrangers. Quoique je n'y aie pas mis le pied, je sais que c'est le plus triste gîte du monde : elle est tenue par des Italiens qui ne connaissent, dans les différentes saisons, que l'art de faire cuire des canards à toutes sauces, dont ils dégoûtent ceux qui sont forcés de descendre chez eux. Nous arrivâmes ensuite à la Prairie : je désirais voir le bouquet de platanes que M. Delille a célébré dans son Poëme des Jardins ; et je courus vers eux, comme vers des objets voués à l'immortalité. Je comptai onze énormes fûts, chargés de branches épaisses réunies par la base, et formant une salle ronde de plus de vingt-cinq pieds de diamètre, ouverte par quelques issues. On vient souvent faire des parties sous cet ombrage, où l'habitant de Boïoukdeyré et le Français aiment à répéter le nom de Delille. La foudre avait récemment mutilé la tête d'un de ces arbres majestueux.

Le baron de Tott, qui préférait une grue, ou

une machine à mâter, à un beau groupe d'arbres, fit abattre un semblable bouquet de platanes, qui ornait le côté oriental de la Prairie, afin de construire une charpente dont il avait besoin.

De la Prairie, qui n'a plus rien de remarquable que la régularité de son niveau, la vue se porte vers les aqueducs, où nous fîmes la partie de nous rendre.

Nous partîmes le lendemain de mon arrivée, au lever du soleil. Après avoir revu la Prairie, et suivi des chemins bordés de haies, nous passâmes sous l'aqueduc de Bourgas : nous vîmes ensuite celui de Justinien; et, après avoir erré dans les forêts, après avoir joui du coup d'œil des sites les plus pittoresques, sur les lacs que forment les eaux retenues par les bindes ou chaussées en marbre, nous vînmes mettre pied à terre au palais de Hollande.

Quoique M. Vandeden, ministre batave, fût absent, les portes n'en avaient pas moins été ouvertes d'avance, et nous trouvâmes un dîner préparé dans le jardin, à un endroit appelé la table ronde. La maison de Hollande se trouve isolée au milieu des forêts, et près d'un lac dont les grenouilles, par leur croassement, rappellent les marais de la Hollande au ministre, qui passe quelques mois de l'année en cet endroit.

La forêt de Belgrade, outre la beauté qui lui

est naturelle, possède plusieurs villages qu'il serait assez intéressant de faire sortir de l'obscurité. Il ne le serait pas moins d'en examiner les arbres, les plantes, et les productions parmi lesquels on trouverait la salsepareille, l'agaric, le kermès, et une infinité de choses utiles aux arts et à la médecine; enfin, ce qui mettrait le complément à une pareille entreprise, serait de visiter géologiquement, jusqu'à la mer Noire, ce sol évidemment volcanisé.

CHAPITRE XXVIII.

DÉTAILS DE L'ARRESTATION ET DE LA CAPTIVITÉ DE M. BEAUCHAMP, ASTRONOME, INCARCÉRÉ A FANARAKI; SA MALADIE, SA TRANSLATION A PERA. — ITINÉRAIRE. — CHATEAUX DU BOSPHORE. DESCRIPTION DE FANARAKI. — ILE CYANÉE D'EUROPE.

J'étais à peine de retour à Constantinople, que M. Ruffin, chargé d'affaires de France, me donna l'ordre de me rendre auprès de M. Beauchamp, malade à Fanaraki, dans la mer Noire.

J'avais connu M. Beauchamp en Egypte : il était membre de la commission à laquelle j'ai l'honneur d'appartenir; son nom, ses malheurs, la correspondance que j'entretenais depuis quelque temps avec lui, tout enfin me faisait un devoir de précipiter mes pas vers la prison dans laquelle il gémissait encore. On me remit un ordre pour le pacha des sept châteaux, afin de me faire ouvrir les cachots de Fanaraki, et le ferman qui accordait la liberté au prisonnier. Ainsi disposé et accompagné de deux janissaires, je partis de Constantinople. Ayant pris la voie de terre, à cause des vents contraires qui fermaient le chemin de la mer Noire par le Bosphore, dans un clin d'œil j'arrivai à Boïoukdeyré, et nous changeâmes de chevaux à un village qui se trouve une demi-lieue au delà.

En partant de ce hameau, je longeai le rivage qui se trouve au dessus de la mer, et je marchai dans un sentier très-étroit. Au fond d'une petite anse, nous traversâmes un des sept châteaux, qui dépendent du pacha dont j'ai parlé, et j'y vis plusieurs pièces de canon de trente-six, montées sur leurs affûts. Peu après, nous gravîmes une montagne escarpée, couverte de scories, et nous nous enfonçâmes dans les terres. Je vis quelques chênes qui portent le kermès; et j'observai, plus nous avancions vers la mer Noire, que le terrain devenait âpre, nu, et enfin stérile.

Au coucher du soleil, nous arrivâmes à un village voisin du Pont-Euxin, situé sur la rive méridionale d'une baie hérissée de rochers, et qui fait face à l'île Cyanée d'Europe. La population de cet endroit peut être de six cents habitans, tous Turcs albanais, dont je trouvai une grande partie occupée à fumer la pipe dans un keosk voisin du rivage. Quelques uns commençaient à m'injurier, lorsque je leur adressai la parole en leur langue, pour me plaindre de cette conduite. Surpris d'entendre un Européen s'exprimer avec facilité, et sur-tout sans crainte, ils m'invitèrent à m'asseoir auprès d'eux, et passèrent, des murmures, aux paroles d'amitié. J'attribuai ce qui venait d'avoir lieu à ce que mes janissaires s'étaient absentés un moment; et comme ils revinrent bientôt, je quittai avec empressement cette société peu hospitalière.

Nous contournâmes la baie, ou plutôt l'excavation âpre de Fanaraki, dominée par la colline de Gypopoli [1], afin de monter au château, qui est au nord du village d'où nous sortions. A l'aspect du ferman, ses portes s'ouvrirent, et je ne tardai pas à être introduit dans le cachot du prisonnier près duquel j'étais envoyé.

Quel triste spectacle! Le malheureux Beauchamp, ministre de paix, envoyé par Bonaparte, luttant contre la mort, se réveille à ma voix!

---

[1]. Gypopoli, colline sur laquelle on prétend que le roi Phinée tenait sa cour. *Voyez* Plan du Bosphore, par M. Barbié du Bocage.

J'étais le premier Français, le seul ami qui descendît dans ces lieux... et dans quel moment ? La mort allait peut-être le frapper : il semblait n'avoir que quelques instans à vivre.... Ses yeux se remplirent de larmes !

A travers l'obscurité dans laquelle les flambeaux avaient peine à briller, j'approchai du grabat du malade, qu'une fièvre brûlante et un violent mal de côté tourmentaient. Un barbier lui avait ouvert la veine, malheureusement trop tard. Je commençai à lui donner mes soins. Dans peu de temps, j'apperçus du soulagement occasionné par la satisfaction que le malade éprouvait de voir un compatriote, lorsque le méphitisme, la malpropreté du cachot, me jettèrent à mon tour dans un état de souffrance qui me priva de l'usage de mes sens. Les gardes me portèrent au grand air; et, revenu de mon évanouissement, je sollicitai qu'on arrachât M. Beauchamp de ce lieu ; mais j'eus beau prier, offrir ce que je possédais, m'emporter, je ne pus rien obtenir pour cette nuit, les Turcs furent inflexibles. Le pacha était absent, et il me fallut partager le cachot du prisonnier.

Vers minuit, le malade se sentit assez soulagé, par l'effet d'un vésicatoire que j'avais appliqué, pour exiger de moi d'entendre les détails de ses malheurs. En vain je lui représentai qu'il avait besoin de repos, il persista, en me faisant promettre de révéler un jour la lâcheté de nos ennemis [1].

M. Beauchamp fut, comme on sait, envoyé d'Egypte pour porter, au nom du général Bonaparte, des paroles de paix au grand seigneur. Il était à peine sorti du port vieux d'Alexandrie, sur la caravelle la *Réale*, dont il allait faire hommage au sultan, qu'il tomba au milieu de la croisière anglaise, commandée par lord Towbridge. Cet amiral, sans respect pour le pavillon parlementaire, crut devoir arrêter l'envoyé français, qu'il fit conduire sur son bord, où il commença à l'accabler de mauvais traitemens. Peu content des noms injurieux d'espion, qu'il lui prodiguait parce qu'il le voyait vêtu à l'orientale, il menaça de le faire pendre aux vergues du vaisseau qu'il commandait, s'il ne lui révélait les motifs secrets de sa mission; et, s'irritant de l'attitude froide et silencieuse de M. Beauchamp, il osa le saisir à la gorge.

Après avoir ainsi maltraité un homme, qui n'était pas même son prisonnier, lord Towbridge lui

---

[1] M. Beauchamp fit la même déclaration le lendemain, en présence de M. Merotti, chirurgien, domicilié à Ajaccio en Corse, et de M. Martinot. Il la répéta ensuite au chargé d'affaires de France, et à tous les agens commerciaux français qui se trouvaient à Pera.

fit enlever ce qu'il possédait, et le relégua sur le vaisseau de Sidney Smith, qui semblait placé en Orient, pour soutenir à lui seul l'honneur du pavillon britannique. Ce commodore accueillit le ministre français avec égards, le consola des injures de lord Towbridge, et, par sa civilité, par les attentions qu'il eut pour lui, tâcha de lui faire oublier la dureté et la grossièreté des procédés de l'amiral. Malheureusement Sidney était subordonné. Au bout de quelques jours, il fut obligé de livrer M. Beauchamp à son chef, qui l'embarqua sur un petit bâtiment, pour être envoyé à Constantinople. On lui rendit alors deux lettres adressées au sultan, dont il était porteur, et l'argent qu'il possédait au moment de son arrestation. Les Français qui l'accompagnaient, et l'équipage de la caravelle firent voile pour la même destination, et furent mis au bagne en y arrivant. M. Beauchamp, envoyé pour une mission honorable, arriva lui-même comme un criminel, dans une ville où il ne devait trouver que des ennemis, et où la calomnie l'avait devancé. On ne délibérait pas en effet sur la manière de l'admettre, mais sur les mauvais traitemens qu'on lui réservait. A peine eut-il touché ce fatal rivage, qu'il se vit arraché du vaisseau qui l'avait apporté, et confiné sur le Bosphore, dans un petit café. Là, sous la garde des galiondgis, il passa trois jours à attendre son sort, lorsqu'on vint l'enlever pour le conduire à Bebek[1]....... Il y trouva le drogman de la Porte, et Spencer Smith. Ce dernier l'interroge, et comme les lettres de M. Beauchamp ne signifiaient pas ce qu'il désirait, comme elles ne contenaient rien à pouvoir fournir texte à quelques commentaires, il veut arracher des aveux de la bouche de Beauchamp, qui insiste pour être présenté au divan, et être entendu du grand seigneur. Spencer Smith entre alors en fureur, injurie l'envoyé français dont le malheur seul méritait des respects; il le traite d'espion, de scélérat, de misérable, et s'oublie jusqu'à fondre sur lui et le saisir à la gorge. Beauchamp s'éloigne sans s'effrayer, et reste calme aux cris de Spencer, qui vociférait en lui répétant : *Oui, malheureux, oui, scélérat, tu seras pendu, tu serviras d'exemple aux brigands de ta nation, et ton général Bonaparte ne peut plus nous échapper.* Enfin, l'énergumène Spencer s'était tellement oublié, que, par prudence, on enleva M. Beauchamp, qui fut enfermé à Fanaraki, en Europe, loin du commerce des vivans. Ignoré pendant long-temps de ses compatriotes, il existait depuis vingt-huit mois, au fond d'un cachot obscur, lorsque je parvins d'abord à correspon-

---

[1] Lieu des conférences des ambassadeurs européens avec les ministres de la Porte; il est situé dans le Bosphore.

lui. A la nouvelle de nos victoires d'Italie, les Turcs avaient consenti à lui rendre la liberté de respirer ; il sortait une fois la semaine dans la cour du château, et le pacha saisissait fréquemment cette occasion pour se rencontrer avec lui. Mais, l'insalubrité du local dans lequel le prisonnier était resté au secret, avait altéré les principes de son organisation ; il venait d'être atteint du coup mortel, au moment où la liberté allait lui être rendue. Il parut aussi moins sensible à cette nouvelle qu'au plaisir de voir un compatriote.

Vers le matin du 28 août, (8 fructidor) jour où j'arrivai à la prison de Fanaraki, il reposa quelques heures, et je pus aussi m'endormir. A dix heures du matin, je fus joint par un jeune chirurgien corse, appelé *Mérotti*, qui partagea pendant vingt-quatre heures, avec moi, les soins dont le malade avait besoin. Cette journée fut bonne, au delà de toute espérance; M. Beauchamp voulait en profiter pour me faire prendre des notes importantes ; mais je m'y refusai, dans la crainte de le fatiguer, et je le priai de renvoyer cette affaire à un autre temps, car je craignais toujours un retour fâcheux. En effet, les accidens reparurent avec plus de force, et, vers le soir, le malade me pria avec tant d'instance de rédiger ses dernières volontés, que je ne pus m'y refuser. Il croyait sa fin très-prochaine ; et je partageais ses sentimens lorsque, vers minuit, les symptômes alarmans diminuèrent. Le mieux augmentant, afin de satisfaire à son impatience, je consentis, au bout de deux jours, à l'embarquer pour Constantinople, où il arriva mourant.

On sait trop comment, s'étant mis en mer quelque temps après pour retourner en France, il vint terminer sa carrière à Nice.

Fidèle ami, bon Français, sincèrement attaché au général Bonaparte, Beauchamp se glorifiait des maux qu'il avait endurés, s'il pouvait un jour revoir le héros de la France, et toucher le territoire chéri qui l'avait vu naître. Profondément versé dans les connaissances astronomiques, il avait visité les rivages du Pont-Euxin, la Perse, jusqu'aux bords de la mer Caspienne, et une grande partie de l'Asie mineure. Riche de nombreux matériaux, sur ces pays inconnus, il méditait d'en ajouter d'autres à sa collection, en se rendant, par terre, à Mascatte, dont il avait été nommé consul général, lorsque la trompette guerrière, qui se fit entendre sur les bords du Nil, le rappela en Égypte [1].

---

[1] La notice suivante, sur M. Beauchamp, réunira tous les éloges qu'on en pourrait faire.

Beauchamp, neveu de M. Mirondot, évêque de Babylone, était son grand vicaire. Mirondot n'alla jamais à Babylone : il fit naufrage en Chypre, et revint à Paris ; tandis que Beauchamp continua son voyage à Babylone, et arriva à Bagdad en 1782.

Dans les intervalles de loisir que j'eus pendant mon séjour à Fanaraki, j'examinai cette place et ses environs.

Il se livra à l'astronomie, et observa la longitude et la latitude de Bagdad : il fit plusieurs voyages sur les ruines de Babylone et à Hella ; il en écrivit à M. de Lalande, qui a fait imprimer plusieurs de ces Mémoires dans le Journal des Savans. Il descendit l'Euphrate depuis Hella jusqu'à Bassora, et il observa la longitude et la latitude de ce lieu. Dans une autre circonstance, il remonta jusqu'à Diarbekir par la route de terre, et il prit tous les renseignemens qu'il lui fut possible de se procurer sur la Mésopotamie.

Depuis, il alla en Perse, détermina la longitude et la latitude d'Ispahan et celle de Casbine, qui est un point important pour fixer la position de la partie méridionale de la mer Caspienne, sur laquelle les géographes n'étaient pas d'accord. Toutes ces déterminations se trouvent dans la Connaissance des Temps.

M. Beauchamp revint ensuite en France par la route du désert, c'est-à-dire par Hil et Ana; et il fit encore plusieurs remarques intéressantes sur la nature du pays, dans cette traversée. Il a fait dresser une carte de ces différentes routes, mais qui est restée manuscrite au dépôt de la guerre.

De retour à Paris, M. Beauchamp se prépara à un second voyage, et il chercha à le rendre, autant qu'il serait possible, plus intéressant que le premier. Par suite des différends qui existaient, entre les géographes, sur la position de la partie méridionale de la mer Caspienne, il fallait déterminer la longueur de la mer Noire. M. Beau-

Le château qui doit défendre l'entrée du canal, du côté de l'Europe, est bâti dans un lieu fort d'assiette, au milieu des rochers. On peut le distinguer en deux parties, dont la pre-

---

champ s'embarqua : étant nommé consul à Mascat, il prit son chemin par Venise, Patras, Naupli de Romanie et Constantinople. Il était accompagné par un élève en astronomie, jeune homme très-intéressant, et qui est mort à Constantinople à son retour de la mer Noire. Ne pouvant obtenir des Turcs un passe-port pour aller dans la mer Noire comme astronomes, ils en sollicitèrent un comme naturalistes, à l'exemple de Tournefort; et, parce que Tournefort n'avait pas été plus loin que Trébizonde, ce terme leur fut assigné pour leurs voyages. Ils déterminèrent les longitudes et latitudes de tous les points de la côte, examinèrent les antiquités, et revinrent à Constantinople. Là, M. Beauchamp fit dresser une carte de sa reconnaissance de la côte méridionale de la mer Noire, qu'il a envoyée à M. de Lalande, et qui rectifie tout ce que l'on avait fait sur cette mer.

On trouve une analyse des travaux de cet astronome dans le Journal des Savans, juin 1784; *ibid.*, juillet 1784, avril 1785, mai 1785, mai 1787, juin 1787, juillet *id.*; mai 1788, juillet 1788, mai 1789, *id.*, 1790; Mémoires de l'Académie, 1786, pag. 272, 285, 304, 308; observations du satellite de Jupiter, à Bagdad (Mémoires de l'Académie, année 1787, pag. 186, 189, 190); observations de l'éclipse de soleil de juin 1788, à Bagdad (Mémoires de l'Académie, année 1788, pag. 227, 228; latitude de Hella et longitude de Bagdad (Mémoires de l'Académie, ann. 1789, pag. 179).

mière, qui regarde la terre, est une vaste cour, de figure parallélogramique, ceinte de hautes murailles, sur un des côtés de laquelle, au nord, on voit le château du pacha, consistant en une maison bâtie sur un modèle européen. A l'orient, on trouve le fort qui est un polygone régulier, fortifié par des ingénieurs français. J'y comptai vingt-cinq pièces de canon en bronze, du calibre de vingt-quatre et de trente-six, qui sont toujours chargées à boulets, à cause de la crainte des Moscovites, dans laquelle les Turcs vivent continuellement. La mer vient briser avec un grand bruit contre les rochers qui servent de base au fort de Fanaraki; et quand elle est fortement agitée, ce qui arrive souvent, elle frappe les remparts; en sorte que ce château est un lieu affreux, à cause du bruit des vagues, et de son isolement au milieu d'une nature sauvage. Si on ajoute à cet inconvénient, déjà si puissant, le désagrément de la garde qui veille à sa défense, on pourra plaindre les malheureux qui y sont renfermés.

J'ai peu vu de figures aussi rebutantes que celles des disdaglis de Fanaraki; mais ce n'était pas là leur plus grand défaut pour les prisonniers, qui y étaient accoutumés: ils avaient plus de peine à se familiariser avec leurs manières. Ces soldats sont chargés, pendant la nuit, de crier dans un porte-voix pour avertir les vaisseaux de s'éloigner; et, afin de prouver qu'ils font leur devoir, ils avertissent aussi les postes voisins de se tenir sur le *qui-vive*, et de faire bonne garde.

Le cachot de M. Beauchamp se trouvait dans le polygone situé à l'orient. Il consistait en un espace de quatorze pieds de long sur huit de large, qui était pavé de dalles de pierre, et fort humide. La lumière n'y parvenait que par un trou carré, d'un pied en tout sens, qui était pratiqué dans un des angles, à douze pieds de hauteur. La porte de ce cachot, aussi malsain que triste, ne s'ouvrait que deux fois par jour, pour le malheureux prisonnier, et un jeune domestique grec, qui avait consenti à partager sa captivité.

A peu de distance du château de Fanaraki, dont les feux ne pourraient être un obstacle pour les vaisseaux qui voudraient entrer dans le Bosphore; à peu de distance, dis-je, est un rocher presque à pic sur lequel on a construit un phare. Dès que la nuit est venue, on a soin d'y allumer un feu qu'on entretient, pour indiquer l'entrée du Bosphore aux vaisseaux qui font voile vers Constantinople. Un peu plus au midi se trouve l'île Cyanée, qui est un rocher également à pic, que l'imagination seule des anciens a pu tirer de l'oubli, en peignant cette masse flottante au milieu des eaux du Pont-Euxin. M. Beauchamp m'invita d'y aller voir un bloc de marbre blanc, que quelques personnes regardent comme un autel, et que le vulgaire appelle, je ne sais pourquoi, colonne de Pompée.

La plage de Fanaraki est affreuse; les vagues s'y brisent en écumant, et la température y est extrêmement désagréable, à cause des vents froids qui s'y font sentir. A peu de distance, vers le nord, est la vallée de Domousdeyré, à l'extrémité orientale de laquelle on voit les ruines d'une tour, qu'on dit être celle où Ovide mourut en exil.

La vue de la mer Noire est triste et monotone. Pendant quatre jours que mes regards errèrent sur la vaste étendue de ses ondes, à peine j'y pus distinguer quelques saïques, que je voyais cingler vers la Crimée, ou vers les bouches du Danube, et quelques autres bâtimens qui sortaient d'un point éloigné de l'horizon pour s'y plonger aussitôt. Mais cet horizon lui-même, déjà si monotone en été, et cette vaste mer, deviennent encore plus lugubres aux approches de l'hiver. Tout commerce cessant à cette époque avec les ports de la mer Noire, à cause des tempêtes qui bouleversent les flots prolongés du Pont-Euxin, on ne voit plus que l'image du chaos dès qu'on s'avance hors du Bosphore. En tout temps, au delà de cet espace, on navigue également sous un autre ciel. Cependant, la timidité et le défaut d'expérience des navigateurs qui fréquentent ces parages exagèrent les dangers auxquels on y est exposé, et la navigation de ce bassin, dont le dernier traité de paix avec la Porte vient d'ouvrir l'entrée à l'Europe, est peu connue ; telle était au moins l'opinion de M. Beauchamp, qui a rectifié la carte de cette partie du monde, avec une constance et des peines infinies. J'aimais, pendant le temps que je le connus, à lui entendre raconter des détails que les lieux rendaient encore plus intéressans ; et je regrette bien vivement de n'avoir pas profité des derniers momens de sa vie, pour prendre, sur le commerce et l'histoire de la mer Noire, des notes qu'il avait rédigées pendant sa captivité.

CHAPITRE XXIX.

ISLES DES PRINCES. — FANARAKI D'ASIE. — FORT DE L'ÉPÉE. — CHALCÉDOINE. — ÉQUIPAGE BARBARESQUE. — BOHÉMIENS, OU TCHINGUENETS.

M. Beauchamp se trouvant mieux, je mis à profit mes derniers instans de séjour à Constantinople pour aller aux îles des Princes. J'avais appris que notre liberté était définitivement arrêtée, et que bientôt nous allions retourner en France. M. Fleurat, un des drogmans de France, m'ayant invité à me rendre chez lui à Prinkipo, j'acceptai la partie avec plaisir.

En quatre heures de navigation, on se rend de Constantinople aux îles connues autrefois sous le nom de Demonessi; et, au bout de ce temps, nous mîmes pied à terre à Prinkipo. On m'y avait loué une chambre, et je fus reçu avec amitié de la part des Européens qui y font habituellement leur résidence.

Le bourg de Prinkipo s'étend sur la rive orientale de l'île jusqu'au bord de la mer; quelques personnes ont même empiété dans le domaine de Neptune pour élever, sur pilotis, des pavillons qui font partie de leur maison. On a, du bourg de Prinkipo, la vue de Constantinople, du petit archipel de Demonessi, de la côte d'Asie; et l'île qui s'élève vers l'occident forme un amphithéâtre semé de halliers, qui lui donnent un coup d'œil agreste. Des champs cultivés, quelques arbres, enfin un emplacement qu'on nomme le Puits, sont les lieux de délices de Prinkipo, où l'on vient oublier la contrainte de la capitale, et se livrer au plaisir, dès que le soleil commence à s'approcher de l'horizon. Pour terminer le jour, nous nous rendîmes au Puits, afin de danser. Sans embarras, tout entiers à la gaîté et aux plaisirs réels qu'inspiraient et la société et les lieux, nous passâmes une soirée agréable, et nous ne suspendîmes les jeux que pour reposer quelques heures.

Le lendemain, je m'éloignai dans l'île, dont la terre rougeâtre, couverte de pyrites cuivreuses, me parut par-tout comme un sol volcanisé. L'eau qu'on y boit incommode les étrangers par une diarrhée qui cède au bout de quelques jours, le corps, à cette époque, se couvrant d'une éruption rouge, dont quelques boutons suppurent. Ce tribut payé, on n'en éprouve plus d'inconvéniens, à moins de s'absenter, et de cesser d'en faire usage pendant long-temps.

Comme nous étions déjà avancés dans le mois de septembre, lorsque je me trouvais à Prinkipo, on se préparait à la chasse des cailles, qui s'y rendent par bandes, pour passer en Asie. Les chasseurs étaient surpris de n'en avoir pas vu encore arriver, (étant déjà au 8 septembre) et ils attendaient la pluie, qui précède ordinairement ces oiseaux de vingt-quatre heures.

L'archipel des Princes est, comme on sait, composé des îles de Proti, Antigone, Chalki, Prinkipo, Coniglio et Ostritzia, et de plusieurs rochers. Celle qui est nommée Coniglio est toute sauvage, et ne renferme que des lapins ; à peine y peut-on mettre le pied, tant elle est couverte de halliers, et hérissée de pointes de rochers. On y trouve des pigeons sauvages, qui font leur nid dans les fentes des rochers.

Après avoir examiné l'île où j'étais débarqué, je me mis dans un bateau avec la compagnie qui m'avait reçu à Prinkipo, et nous fîmes voile pour Chalki, distante d'une bonne lieue de Prinkipo. Lorsque nous eûmes pris terre, nous montâmes au monastère de la Trinité, et les caloyers nous conduisirent dans un vaste keosk, ou belvédère, bâti par le prince Ipsilanti. Ils nous y servirent des olives, des anchois, une espèce d'algue confite au vinaigre, du pain chaud, de l'eau saumâtre, et du vin blanc.

De ce lieu, nous avions vue sur la mer de Marmara à l'ouest, et nous dominions un petit port appelé Chamliman, ou port des Peupliers, sans doute ainsi nommé à cause des arbres qui couvrent le revers de l'île de ce côté.

Le dascalos du monastère ne tarda pas à venir nous faire compagnie, et il nous dit que, la veille de notre arrivée, il était débarqué quarante forbans sur leur territoire, qui avaient forcé le supérieur de leur donner du pain, des volailles, de l'argent, et de leur dire la messe. C'est ainsi que, jusqu'à la vue de Constantinople, la mer est infestée de pirates, que la faiblesse du gouvernement ne réprime pas, et qu'une police un peu sévère pourrait précipiter au fond des mers. Les moines nous engagèrent à visiter leur monastère, environné de fortes murailles, et qui peut résister à des forbans; et ils nous firent parcourir successivement ceux de leur île. J'étais prévenu qu'ils possédaient un tableau du Jugement dernier, et je désirais le voir, étant instruit que c'est dans ce tableau que ces bons religieux ont le plaisir de placer en enfer les Turcs, leurs ennemis : mais, ce qu'il y a de remarquable, c'est qu'ils ont mis un drogman grec, de la Porte, coiffé du calpak, à la tête des réprouvés. Quoique ce barbouillage soit assez nul pour la touche et le génie de la composition, ils y attachent le plus grand prix, et bravent, pour le conserver, les désagrémens qu'il leur a occasionnés. Dans l'intérieur du couvent de la Trinité, je remarquai des galeries spacieuses, des chambres vastes et propres, et on me fit observer des abeilles qui travaillaient dans l'intervalle d'un contre-vent et des vitres d'une fenêtre. Les hommes pieux, qui leur ménagent ce domicile, prennent un singulier plaisir à voir ces ouvrières industrieuses, dont tous les momens sont utilement employés, et ne manquent pas de les montrer aux étrangers.

Les églises, que nous visitâmes ensuite, sont fort propres, et nous y fîmes notre offrande, en donnant quelques parats pour indemniser les moines du déjeuner qu'ils nous avaient donné. Il y a un concours continuel de Grecs qui vont et viennent pour faire le signe de la croix, et saluer les autels. Les marins de ces plages ne s'embarquent jamais pour la pêche, sans invoquer un Saint-Georges fort renommé, auquel ils adressent des vœux et promettent des cierges..... Mais, si le vent devient contraire, si les coups de filet ne répondent pas à l'espérance qu'on avait conçue, les injures sont alors prodiguées, et les mots de *paximado clefti*, ou voleur de biscuit, arrivent au Saint au lieu d'oraisons.

Le sol de Chalki a la plus grande analogie avec celui de l'île de Prinkipo : cultivée au bord de la mer, ses sommets sont couverts de forêts de pins, et l'eau y est en général mauvaise. Bien des personnes préféreraient le séjour de Chalki à celui de Prinkipo, et je le regarde comme plus agréable. Je ne dirai rien de quelques hameaux habités par des Grecs, n'ayant pu les visiter : on nous pressait de retourner à l'île d'où nous sortions, et nous trouvâmes le bateau qui nous attendait à un village bâti à l'extrémité méridionale de Chalki, qui nous ramena à l'île d'où nous étions partis.

Déjà quatre jours s'étaient écoulés depuis que nous y habitions, et la prudence nous rappelait à Constantinople, notre départ pouvant avoir lieu plus promptement encore que nous ne l'espérions. Nous résolûmes donc de quitter nos hôtes ; mais, à peine eûmes-nous abandonné le rivage de Prinkipo, que le vent contraire s'éleva. Les Grecs qui nous conduisaient voulurent virer de bord pour y retourner, et ce ne fut qu'à force de prières et de promesses que nous les déterminâmes à braver les flots pour nous mettre à terre au fort de l'Epée, qui est en Asie, vis-à-vis de Prinkipo. Près d'aborder en ce lieu, nous obtînmes, en faisant de nouvelles promesses, d'être conduits jusqu'à Chalcédoine ; mais, comme le vent fraîchissait de plus en plus, quoique nous eussions le désir de passer outre, il nous fut impossible de doubler la pointe de Fanaraki d'Asie.

Cet autre Fanaraki est un lieu agréable, bâti sur un promontoire, où il y a un petit phare. Une nature riche, de belles fontaines qu'ombragent des arbres magnifiques, quelques plateaux de prairies invitent à fréquenter ce charmant bocage, et à s'y reposer. On montre, tout auprès, une ruine que les Grecs du pays voudraient faire passer pour celle d'un édifice ancien, et qui, je crois, est celle d'une église grecque très-moderne.

N'ayant donc pu doubler ce cap, comme je l'ai dit, nous vînmes relâcher au fond de la baie de Chalcédoine. A la vue d'un bâtiment barbaresque, qui se trouvait mouillé dans cette anse, nos Grecs ne voulurent pas quitter leur bateau ; ils craignaient d'être pris et emmenés par les Algériens : il nous fallut donc aborder sur un bas-fond. Comme nous étions embarrassés par quelques effets que nous avions avec nous, un des Barbaresques, qui se trouvait sur la plage avec ses camarades, nous dit, en bon français, qu'il allait nous trouver un porte-faix : il tint parole ; et, comme nous voulions savoir qui il était, il s'esquiva aussitôt après pour se dérober à nos questions, en se contentant de nous dire qu'il n'était pas Français, mais qu'il était allé depuis peu en Egypte, où il avait été bien traité, et il disparut à ces mots.

Nous louâmes des chevaux à Chalcédoine pour nous rendre à Scutari : chemin faisant, nous trouvâmes une troupe nombreuse de Tchinguenets, ou Bohémiens, campée dans les champs. Ces hommes, qui n'appartiennent à aucune société, errent au milieu de l'empire turc, où ils vivent méprisés, comme les *Parias* le sont dans l'Inde : mêlés, confondus, père, mère, filles et garçons, ils font, en apparence, profession de la religion musulmane, qui, pour cela, ne les affranchit pas du tribut des caratchs. Ils sont en possession d'amuser les Turcs par leurs danses lascives, et par une musique assez douce dont ils s'accompagnent. Leur physionomie a un caractère de bassesse qui annonce la démoralisation ; ils touchent à la dernière période d'abrutissement, et paraissent ne connaître aucun des principes sur lesquels sont basées les sociétés humaines. On trouve parmi eux des soi-disant almées [1] d'Egypte, qui ont beaucoup de ressemblance avec les Tchinguenets. Les Turcs méprisent, au

---

[1] Danseuses publiques. L'étymologie du mot veut dire savantes.

reste, tellement ces vagabonds, que leur nom est une injure, et la suspicion de leurs mœurs un opprobre. Ils n'approchent point des villes, et ils s'établissent quelquefois plusieurs jours de suite dans un champ, vivant de leurs tours de gibecière, de prostitutions, et quelquefois de vols.

On connaît trop Scutari pour que j'en parle ici, autrement que pour indiquer de belles casernes, qu'on y a fait bâtir tout récemment afin de loger un corps considérable de bostandgis, qu'on désirait discipliner à l'européenne, et les magnifiques cimetières qui décorent les environs. En arrivant à Constantinople, je trouvai le moyen d'aller visiter, le lendemain, une partie de l'intérieur du palais du sultan, dont je vais donner une idée.

CHAPITRE XXX.

DESCRIPTION DES JARDINS DU SULTAN.

J'AVAIS fait la connaissance du jardinier du grand seigneur, appelé M. Jaques, qui était un Allemand, natif de Rastadt, et il me promit, ainsi qu'à mon camarade Fornier, de nous faire voir

---

[1] Comme c'est une chose inouie jusqu'à ce jour, d'entendre un voyageur dire qu'il a pénétré dans l'intérieur du palais du sultan, et dans le harem, je puis citer pour té-

les jardins du sultan. Je devais cette occasion précieuse de satisfaire ma curiosité, à M. Melling, ami du jardinier de sa hautesse, et peintre de la Hadidgé sultane. Nous nous rendîmes en conséquence, le 10 septembre au matin, à l'invitation qui nous avait été faite, avec M. Melling, qui était notre introducteur. Après avoir mis pied à terre à la pointe du sérail, nous nous avançâmes jusqu'au delà de Ieni Keosk, et nous entrâmes dans le palais du sultan par Dermin Capi, ou porte du moulin, située sur le rivage de la mer, au dessous d'Hastalik Odassi, ou appartement des malades. Comme notre guide était connu du poste de bostandgis qui veillaient à cette porte, on nous laissa entrer après la cérémonie d'usage, consistant à donner quelques parats. M. Jaques, qui nous attendait, parut en même temps, et nous invita à venir chez lui. Nous passâmes, pour nous y rendre, devant le Dermin ou moulin. L'appartement dans lequel il nous introduisit, était un pavillon divisé en trois pièces peintes avec goût, mais n'ayant vue que sur un vieux colombier. Après nous être reposés un instant, nous allâmes visiter le jardin du sultan, en passant

---

moins de la vérité, M. Melling, auteur d'un Voyage Pittoresque en Orient, *orné de cinquante-deux vues*, qui va paraître, et résidant actuellement à Paris. M. Jaques, qui habite aujourd'hui Rastadt, et enfin, mon ami Fornier, commissaire des guerres, et membre de la légion d'honneur.

de nouveau devant le poste des bostandgis. Nous étions alors entre le premier et le second rempart de la ville, qui forment la fortification naturelle du sérail du côté de la mer; car le palais, qui est, à proprement parler, une ville à part, dans l'intérieur de Constantinople, a ses murailles garnies de créneaux, ses bastions, et des portes semblables aux ouvrages d'une vieille place de guerre. La distance d'un rempart à l'autre me parut de deux cents pieds environ. Au nord, on voit un chemin pavé, qui conduit à une porte pratiquée dans le second rempart. Elle donne entrée au Hasné ou trésor impérial, qui est un vaste édifice couvert en dalles de marbre, situé près de la colonne d'Arcadius, dont je parlerai bientôt. Sur la droite de ce chemin s'élève un mur de séparation, qui forme le côté occidental du jardin. On voit, devant, une place de la largeur comprise entre les murs, destinée à faire ranger la suite du sultan, quand il met pied à terre de ce côté, pour entrer ou sortir de l'intérieur de son palais. Sur la gauche, on voit un espace considérable environné de palissades de trois côtés, et dont le second rempart forme le quatrième, qui est une sorte de jardin rempli d'arbustes, de roses premières, d'héliotropes, jetées par bouquets, ainsi que de poutres et de monceaux de décombres. Entre le premier rempart et la palissade, on a ménagé une sorte de chemin, par lequel on communique avec Hastalit.

Odassi, et il y a plusieurs postes disséminés aux portes, qu'on voit jusqu'à l'extrémité du palais du sultan, terminé à l'ouest par un mur transversal au pied duquel se trouve un cloaque qui vient, des cuisines du sérail, se jeter dans la mer.

Il n'y a de remarquable, au reste, que le mur de la seconde enceinte, qui est tapissé de lierre depuis sa base jusqu'aux créneaux, et quelques fûts de colonnes de marbre épars, et moitié enfouis. A quarante pas du poste des bostandgis, en suivant le chemin qui conduit au Hasné, nous arrivâmes à la porte du jardin. Elle est en marbre blanc, haute de quinze pieds sur quatre de large, décorée de colonnes d'un mauvais style, qui soutiennent un linteau uni, sur lequel on voit le chiffre de sultan Sélim III. Nous y fûmes reçus par six Arméniens, qui étaient les garçons de M. Paul, qui, pour nous accompagner, ne manqua pas de s'habiller à la turque, avant de sortir de son pavillon.

Une treille, haute de vingt-cinq pieds, large de quinze, massive, disposée en croix, s'étend dans les dimensions de largeur et de longueur, de ce coin de terre nommé pompeusement le jardin du sultan. Elle s'élève au centre de la croix qu'elle fait, pour former un dôme, sur un petit bassin en marbre, dont la largeur est celle d'une cuve ordinaire, et dans lequel il y a un jet d'eau. M. Jaques ayant donné ordre à ses garçons de le faire jouer, il en jaillit quelques gerbes qui s'élevaient à peu près à six pieds de haut, et qui étaient d'un effet au dessous du médiocre. Dans les quatre carrés que divise cette croix, on avait cultivé des fleurs, et j'y comptai autant de bassins, avec des jets d'eau en miniature. Celui qui me parut le plus singulier, est le premier, qu'on trouve à gauche en entrant : il se déploie, à la hauteur de quatre pieds, en une nape d'eau qui représente un parasol, et les contours du bassin où il retombe sont garnis de coquilles artistement disposées, pour faire jaillir et scintiller l'eau, qui se divise à l'infini. J'eus le plaisir d'en voir l'effet pendant quelques minutes, et je conçois que ce chef-d'œuvre est assez passable pour amuser des enfans.

Mais la treille, ouvrage vraiment allemand par sa solidité, semblait construite pour braver l'injure des temps. C'était un massif, qui avait pour base des poutres en chêne, bien façonnées, et un clayonnage à toute épreuve, couvert d'une triple couche de peinture verte. Cette charpente soutenait les branches d'un jasmin qui la couvrait en entier, et qui parfumait de ses fleurs, l'étroite enceinte d'un jardin, où l'air a de la peine à circuler.

A droite, en prenant la partie de la treille ou berceau qui dirige vers la mer, se trouve le keosk du grand seigneur, appelé Ieni Keosk, ou pavillon neuf. On y monte par trois degrés circulaires, qui embrassent toute la portion de sa demi-circonférence, qui fait saillie dans le jardin. Ces degrés, qui sont en marbre blanc, ont trois pieds de large sur six pouces d'élévation. Une vaste toile cirée, peinte en forme de rideau, qui est suspendue au toit, sert de porte à ce keosk, auquel elle donne, de ce côté, la forme d'une tente. Nous l'écartâmes afin d'y entrer; et je fus agréablement surpris de l'élégance et de la beauté de ce charmant local. Sa forme est elliptique, et il a trente-six pieds dans son plus grand diamètre, pris depuis le rideau jusqu'au sopha, placé sous des fenêtres percées du côté de la mer. Des peintres européens y ont figuré un ordre de colonnes, ses lambris sont richement peints, et dorés avec goût. Du milieu de la voûte pendait un lustre en cristal, donné au sultan par lord Elgin, qui, dit-on, lui en fit hommage au nom du roi d'Angleterre. Dans l'intervalle des colonnes peintes à fresque, les murs sont garnis de glaces et de quelques dessins en fleurs, qui me parurent soignés. Il y avait des cages avec des serins instruits à chanter et à tourner une petite manivelle pour puiser de l'eau ; enfin, on voyait une fontaine en cristal, d'où coulait une eau pure destinée aux ablutions. Le sopha du sultan, placé du côté de la mer, ne m'offrit rien de remarquable, et comme je témoignai ma surprise de ne trouver le parquet que couvert d'une toile peinte, M. Melling me dit que cette mode commençait à prévaloir dans le sérail.

La vue de Ieni Keosk, bâti sur le premier rempart, est délicieuse, et le sultan aime à s'y rendre pour jouir du spectacle enchanteur d'une mer couverte de vaisseaux, et de barques dorées, qui se croisent en mille directions opposées.

A quinze pas de ce keosk, sur le même rempart où il est bâti, on trouve une terrasse garnie de fleurs, qui a environ cinquante pieds de long sur douze de large, et qu'on a dernièrement transformée en serre chaude; enfin, à son extrémité il y a un bastion crénelé, du haut duquel on voit dans le port, sans être apperçu de l'extérieur. On plane en même temps sur le harem, dont il est cependant impossible de voir les femmes.

En quittant cette terrasse, (qui n'existe plus depuis dix-huit mois) pour revenir dans le jardin, je demandai où conduisaient des escaliers que je voyais se perdre sous terre, et qui étaient fermés, à huit pieds de profondeur, par une grille en fer. J'appris que la galerie souterraine, dans laquelle ils sont pratiqués, et que je ne pus mieux comparer qu'aux grands égoûts de Paris, était le chemin secret par où le sultan descend à un keosk voûté, qui se trouve au dessous de Ieni Keosk, et dans lequel il vient fumer. Ces escaliers conduisent aussi à de petites portes en fer, qu'on voit le long du quai, et dont personne n'avait pu jusqu'alors me dire l'usage. Le sultan peut de là, sans suite et sans bruit, se jeter dans une barque qui l'attend, et échapper à un danger qui le menace, ou fondre inopinément sur des rebelles. Il pourrait même y cacher des troupes qui sortiraient sans être apperçues, comme si la terre les vomissait.

Le jardin dans lequel je me trouvais, et qui est le plus vaste de ceux que possède le grand seigneur, ne mériterait pas d'appartenir à la plus mince gentilhommière de France, à cause de son étendue, qui est au plus de cent vingt pas de long sur cinquante de largeur.

A l'extrémité orientale, qui fait face à la porte d'entrée dont j'ai parlé, se voit une serre chaude où M. Jaques cultivait avec soin beaucoup de fleurs et de plantes étrangères. Elle consistait en une sorte d'abri ou de hangar isolé, sous lequel il y avait plusieurs étages de banquettes où étaient placés les vases. Je ne récapitulerai point les richesses botaniques de ce lieu, où quelques fleurs odorantes de l'Abyssinie et du Cap tenaient un rang distingué, pour la suavité de leurs odeurs.

A l'extrémité nord de cette serre, est une grille qu'on appelle la Porte d'or, à cause peut-être qu'elle est couverte d'une légère dorure : elle conduit à une pente douce, pavée en cailloux de diverses couleurs, qui a vingt pas de long, et au bout de laquelle on arrive à une autre porte en fer appelée Boïonk-Harem-Capoussi, ou grande porte du harem, qui est pratiquée dans le second rempart. C'est par-là que le sultan vient, de son intérieur, dans le jardin et dans le harem de ses femmes. J'essayai en vain de trouver quelque passage par où mon œil pût pénétrer dans les lieux inconnus qui se trouvent au delà ; lieux, sans doute, embellis par les fictions, et qui perdraient beaucoup à être décrits tels qu'ils sont. Sur la gauche, tout près de la porte dont je parle, se trouve une grille en fer qui donne entrée dans un jardin qui domine, à vingt-cinq pieds d'élévation, en forme de terrasse, celui d'où nous sortions. M. Jaques nous y ayant introduits, nous n'y vîmes qu'un sol rougeâtre et brûlé, qui contenait à peine quelques plantes desséchées. Une volière, qui a été faite par ordre de la Validé sultane, est, pour les Turcs, l'ouvrage le plus curieux de cette terrasse. Un fauteuil en marbre blanc, de forme antique, sur lequel le sultan vient quelquefois s'asseoir pour jouir de la vue du Bosphore ; quelques bassins, dont les jets ne purent exciter notre admiration, faute d'eau, ornent cette enceinte. Ce qui lui donna une plus grande importance pour moi, fut une galerie qui se trouve à l'extrémité, vis-à-vis la grille par laquelle nous étions entrés, et qu'on appelle Hassan-Pacha-

Keosk. Elle est ouverte, à l'orient, dans toute sa hauteur et son étendue; son plafond est remarquable par le poids de la dorure, et par des glaces qui y sont incrustées, de manière à réfléchir les objets et à les reproduire plusieurs fois. Cette galerie, qui fut sans doute autrefois le lieu de plaisance des sultans, paraît maintenant négligée; les hirondelles ont adapté leurs nids dans l'angle de ses lambris que le temps dégrade. Comme l'usage n'est plus de venir s'y ennuyer, ou s'y désennuyer, (je ne sais si les Turcs connaissent l'un ou l'autre de ces sentimens) on y a entassé beaucoup de vieux meubles qui paraissent voués à l'oubli. On montre pourtant, parmi eux, l'ancien trône des empereurs turcs, qui n'est qu'un fauteuil doré, sculpté et chargé de soleils. J'y remarquai un secrétaire, qu'on me dit avoir été donné par Charles XII, et qui, en effet, portait les armes de Suède: ce cadeau est un véritable modèle de l'enfance des arts. Je ne pus déchiffrer les nombreuses sentences turques, arabes et persannes qui tapissent les murailles; et je m'en consolai, sachant la valeur de ces légendes, dont le pathos ne signifie ordinairement rien; je m'appliquai plutôt à déterminer les proportions de la galerie poudreuse. Je la trouvai de soixante pieds de long sur quinze de large. Comme la neige, la pluie, poussées par les vents du sud, peuvent y entrer, il est à présumer qu'elle ne tardera pas à tomber en ruine.

Le jardin, que je parcourus plusieurs fois, et que j'examinai inutilement en détail, pour y exhumer quelques inscriptions grecques ou latines, ne m'offrit aucuns vestiges de l'antiquité.

L'excavation du rempart de la seconde enceinte me dédommagea, en me permettant de porter mes regards dans l'intérieur du palais, et M. Melling m'y fit appercevoir la colonne d'Arcadius, dont P. Gyllius a fait mention. Elle est haute de plus de soixante pieds, en marbre blanc parfaitement conservé, avec son chapiteau d'ordre corinthien. M. Melling, qui l'a dessinée depuis sa base, que je ne pus voir, m'a dit qu'elle était couverte, en cet endroit, d'inscriptions grecques qu'il n'a pu relever. Aux environs, je remarquai une sorte de place ou manège, où l'on dresse les chevaux : je crois qu'il y avait un hippodrome au temps du Bas-Empire ; ainsi ce lieu n'aurait pas changé de destination.

C'est à peu de distance de cette colonne, que se trouve le harem d'hiver des femmes du grand seigneur, le trésor, enfin des lieux qui ne sont connus que du souverain et de ses eunuques noirs. Comme j'étais près de ces demeures séparées du monde entier, l'idée de la bibliothèque des empereurs d'Orient, qui renferme peut-être encore quelques manuscrits précieux, me frappa au point que je me serais exposé aux plus grands dangers pour y pénétrer, s'il y avait eu la possibilité de réussir en les bravant.

Je quittai ce triste jardin, le Hassan-Pacha-Keosk, déjà détrompé sur les chimères dont était frappé mon imagination. J'avais lu autrefois Miladi Montaigu, et je croyais bonnement que j'allais trouver des murs incrustés d'émeraudes et de saphirs, des parterres émaillés de fleurs, enfin le palais voluptueux d'Armide. Je maudissais de bonne foi cette femme, qui tira son voyage des sources de son imagination brillante. Mais M. Jaques vint tempérer cet accès d'humeur, en me disant qu'il avait su se procurer les clefs du harem d'été; que les femmes ne s'y trouvant pas, à cause du séjour du grand seigneur à Bechik-Tasch, il pourrait nous introduire dans leurs appartemens. Nous fûmes transportés d'aise; et mon camarade Fornier secondant mes résolutions, dont il accusait quelquefois l'indiscrétion, nous sortîmes du jardin brûlant où nous étions à nous ennuyer par complaisance, afin d'aller visiter le harem. Le harem du sultan, le paradis promis! il était impossible que nous ne fussions dans l'enchantement: Miladi Montaigu allait sans doute triompher!

En sortant du jardin, je portai encore mes regards vers la colonne, le seul objet dont je m'éloignasse à regret. Je descendis cette pente que foulent les pas du monarque absolu, quand il vient honorer de sa présence les beautés esclaves consacrées à ses caprices: j'examinai ces portes de fer, ces masses de bronze, ces grilles sous lesquelles elles existent renfermées.... je jetai un dernier coup d'œil sur ce palais solitaire, où le grand roi (Padischa) vit environné de l'appareil de terreur qui le suit par-tout; je songeais aux adorations, au culte fatigant dont il est l'objet. Enfin, ces murs rongés par le temps, ces cachots dorés, cette existence sauvage d'un prince retranché dans sa capitale, environné de gardes au milieu de son peuple, me rappelaient le malheur de sa vie. A côté de son keosk, je voyais ces souterrains par où le danger et la crainte le font sortir de son palais: je pensais aux soins, aux embarras de son empire, agité par la guerre, par les dissensions et par les révoltes........ lorsque la première porte du harem s'ouvrit.

CHAPITRE XXXI.

DESCRIPTION DU HAREM D'ÉTÉ.

Un eunuque noir qui se serait trouvé à la porte du harem, aurait puni notre témérité par cent coups de poignard ; mais ces farouches gardiens étaient absens, et ils avaient suivi au palais de Bechik-Tasch, les victimes dont ils sont justement abhorrés. Malgré cet avantage, M. Jaques nous recommanda le silence, en me permettant toutefois de prendre, sur les lieux mêmes, les notes que je désirerais recueillir. Nous fûmes introduits dans le harem par la porte de fer appelée Kutchuk-Harem-Capoussi, qui est à droite de la serre chaude dont j'ai fait mention. La grosseur énorme de sa clef, et le bruit qu'elle fit en roulant sur ses gonds, jointe à l'idée du lieu révéré où nous étions admis, m'étonnèrent un moment. Une seconde porte qui était en bois se présenta devant nous, à douze pieds de distance de la première ; et notre conducteur l'ayant ouverte, la referma aussitôt, parce qu'il apperçut des Turcs dans l'intérieur de la cour : ayant observé leurs démarches, il crut même prudent de nous faire entrer dans l'appartement des femmes esclaves, et de nous y tenir cachés, afin de prendre nos sûretés.

Cet appartement, qui règne depuis l'espace compris entre les deux guichets où nous étions alors, se trouvait à notre gauche; mais, comme sa porte est dans l'intérieur de la cour, nous fûmes obligés d'enfoncer un contre-vent, et de pénétrer par une fenêtre, qui était au rez-de-chaussée.

Je visitai, pendant ce temps, le local des esclaves, qui se trouve au premier étage. Il consiste en une vaste galerie de trois cents pieds de long sur quarante-cinq de largeur, qui est percée, sur ses deux côtés, d'une multitude de fenêtres, et divisée, dans toute sa longueur, par un double rang d'armoires, qui en font deux galeries distinctes. Près des fenêtres, par où la lumière pénètre dans la double galerie, on a pratiqué de petits espaces environnés d'une balustrade de trois pieds de haut, et garnis de sophas, sur lesquels les odalisques couchent, réunies par bandes de quinze. Entre ces sophas et les armoires, où chacune d'elles renferme ce qu'elle possède, il y a un corridor, ou plutôt un trottoir large de six pieds, qui permet de circuler dans la longueur de la galerie. Comme plusieurs de ces armoires, peintes en bleu, rouge et blanc, étaient ouvertes, je me permis de visiter ce qu'elles contenaient; et quelques misérables nippes d'étoffes d'Alep ne me donnèrent pas une haute idée du luxe des odalisques. Je déplorai bien plus vivement leur sort, lorsqu'en calculant le nombre des compartimens, je vis qu'on pouvait encombrer jusqu'au delà de trois cent cinquante femmes dans ces galeries : je pensais au méphitisme de l'air qui remplit cet espace, quoique les planchers fussent élevés de près de vingt pieds. Enfin, j'examinai tous les détails de leur vie malheureuse, et la mesquinerie des ameublemens, qui vraisemblablement n'y est pas compensée par la somptuosité des tables.

Aux deux extrémités de cette double galerie, se trouvent des escaliers qui ferment en haut par deux espèces de trapes à deux battans, qui sont très-difficiles à soulever, à cause de leur poids, et qu'on peut assujettir par des barres de fer transversales qui servent de verroux. Le plancher, les murs, le plafond n'offrent rien de remarquable ; et le soir, quelques bougies de cire jaune, isolées sur de hauts chandeliers, dissipent à peine les ténèbres, en répandant dans ce local les reflets d'une lumière lugubre.

Les Turcs que M. Jaques avait apperçus, nous contraignirent de rester plus d'une heure renfermés dans l'appartement des esclaves. Dès qu'ils se furent retirés, nous en sortîmes par la fenêtre du rez-de-chaussée qui nous avait donné entrée; nous ouvrîmes la seconde porte qui est en bois, et nous descendîmes dans la cour du harem, que notre conducteur nous pressa de quitter, afin de ne pas être apperçus. Il nous guida dans les appartemens des cadunes ou sultanes, que je décrirai après avoir donné préalablement une idée de la forme intérieure du harem.

Son plan est établi sur un vaste carré, dont je ne pus mesurer que le côté de la mer, qui a près de deux cent soixante pas; les chambres de cette aile de l'édifice, qui est la plus belle des trois autres, sont soutenues par un ordre de colonnes qui forment une galerie. Ces colonnes de marbre blanc de Paros, éloignées entr'elles de quinze pas, ont des proportions assez régulières, et sont terminées par des chapiteaux ioniens. Elles reposent sur des cercles de bronze qui ont été autrefois dorés. On voit dans les intervalles, au lieu de lustres élégans, quelques mauvaises lanternes qui ne donnent que ce qu'il faut de lumière, pour que les gens de l'intérieur puissent vaquer à leur service pendant la nuit. Le pavé et les murs ne répondent point à l'élégance des colonnes, que le hasard aura probablement conservées en cet endroit.

La partie du harem qui est vis-à-vis celle des colonnes, est adossée au rempart de la seconde enceinte, dont la direction change. Elle contient trois pavillons des sultanes, divisés entr'eux, et peints de couleurs différentes. Ces pavillons ne forment pourtant pas des maisons isolées, mais ils font partie de l'ensemble général, et l'étiquette seule ou la jalousie y a établi des limites. Le côté du jardin par où nous entrâmes est consacré au logement des esclaves, et on y trouve les cuisines. Dans la partie qui lui est opposée, on ne voit qu'une haute muraille crénelée, avec une porte qui donne dans une seconde cour, où sont les appartemens des esclaves noirs, et du kislar agassi, ou chef des eunuques. Une partie de ces êtres, qui n'appartiennent plus à aucun sexe, se tient accroupie près de cette porte, et ceux qui sont dans la cour intérieure ne quittent presque jamais le mousquet. L'espace compris dans ce carré, est occupé par des jardins mal tenus, où M. Jaques pouvait à peine venir quelquefois pour y rétablir l'ordre, et par une terrasse qui divise la cour de l'orient à l'occident. C'était dans cette cour du harem qu'on célébrait la fête des Tulipes, abolie depuis long-temps dans le sérail. Elle devait être bien peu de chose, d'après les apparences ; mais, que ne peut embellir la plume des faiseurs de romans, pour orner leurs écrits ! Quelques bouquets de lilas et de jasmins, des saules pleureurs qui se courbent en voûte sur un bassin, et des arbres à soie, sont l'ornement naturel de cet Éden imaginaire, que les femmes mêmes qui l'habitent prennent plaisir à dévaster, dès qu'il y paraît quelque fleur qui frappe leur curiosité.

Nous montâmes l'escalier qui se trouve au milieu de la colonnade que j'ai indiquée, sous laquelle nous étions, et d'où je regardais les autres parties du bâtiment dont je ne pouvais approcher. Nous entrâmes aussitôt dans l'appartement de la première sultane, ainsi nommée, car les femmes du sultan, au nombre de sept, sont distinguées par ordre numérique, et n'ont de prérogatives que celles que pourrait leur donner l'avantage de devenir *mères*. Cet appartement était une vaste chambre carrée, ayant vue sur la cour, dont les lambris étaient chargés de dorure, et les murs de glaces. J'y vis quelques commodes d'acajou, et rien de plus, les sophas ayant été transportés à Bechik-Tasch, pour le service de cette princesse; ce qui prouve que les palais de sa hautesse ne sont pas très-riches en meubles.

De la chambre de la sultane, en suivant un corridor étroit et tortueux, éclairé par quelques petites lucarnes qui donnent sur la mer, nous vînmes à l'appartement de la Validé sultane, ou mère du sultan. Il est bâti en partie sur le keosk, qu'on connaît par le nom de keosk de la sultane Validé, et dont on admire les colonnes de marbre qui se voient en dehors, sur le quai. La partie qui donne sur la cour diffère peu de la chambre d'où nous sortions, excepté par les meubles. J'y vis deux secrétaires ornés de fleurs de lis, un gros lustre de cristal d'un goût ancien et gothique, des murailles revêtues de glaces, des sophas en brocard de Lyon; enfin, quelques vases en porcelaine, destinés à contenir des fleurs. On montait à la partie de l'appartement qui se trouve sur le keosk extérieur, par six degrés de toute l'étendue de cette pièce, qui étaient couverts d'un drap rouge écarlate, brodé aux angles. En haut, se trouvaient une estrade et un oratoire fermé par une grille dorée, dans lequel la sultane fait ses namaz ou prières. Nous y montâmes, et je comtemplai à loisir les détails minutieux de mille petits ornemens inutiles à décrire et à citer. C'est à côté de cet oratoire que répond un petit minaret doré, qu'on voit à l'extérieur. De ce point, on a une vue magnifique de tout le Bosphore ; mais il faut le dire, il n'y a rien que de pitoyable et de ridicule dans les ameublemens de ce harem, et les appartemens mêmes ne seraient pas dignes de loger une de nos bourgeoises modernes. Cela prouve, jusqu'à l'évidence, que Miladi Montaigu n'avait jamais pénétré dans cet endroit, car elle avait trop de discernement pour s'être méprise, au point de nous donner une description brillante de ce qui est pauvre et mesquin.

De l'appartement de la Validé sultane, nous allâmes visiter un bain totalement revêtu en marbre blanc. La baignoire du sultan n'est assurément point un ouvrage des Turcs ; elle a plutôt l'air d'un sarcophage antique, ou de quelque meuble employé dans les temples, auquel on a donné cette destination. L'appartement du bain lui-même n'est point dans le style oriental, il approche plutôt de ceux dont nous faisons usage en Europe. Le parquet est tellement uni et rapproché, qu'on le croirait formé d'une seule dalle de marbre blanc du poli le plus parfait. Les murs ne sont pas moins élégans, et la voûte est sculptée d'après un bon modèle, quoique sans figures ; je ne pus savoir par qui avait été bâti ce bâtiment, ni à qui attribuer les colonnes de la galerie inférieure. Quant au bain, on pourrait, sans offenser la vérité, le vanter, et dire que c'est probablement ce qu'il y a de mieux à voir dans le sérail. L'eau y arrive par des robinets dorés, et forme à volonté une nappe sur le marbre. Quelle atmosphère d'odeurs on doit respirer en ce lieu! combien elle est différente de celle des bains de Constantinople, où l'épaisse vapeur du savon et de la transpiration, frappent l'odorat au moment où on y est introduit! J'admirai enfin ce local, que je puis désigner comme quelque chose digne des arts, et sa solidité fait espérer qu'il n'a rien à craindre des dégradations du temps.

Les appartemens qui se trouvent de l'autre côté de la terrasse qui divise le harem, n'offrent de particulier qu'un keosk du sultan, appelé Keosk des Glaces, dans lequel il y a cinq beaux trumeaux, restes d'un nombre plus considérable.

On m'entretenait, pendant ce voyage, des mœurs et des usages du harem, du sort malheureux des femmes qui y gémissent, de ce lieu où les passions, où l'intrigue et les fureurs exercent leur empire, pour se disputer le cœur flétri d'un sultan. C'est là où des femmes douées d'une imagination ardente, divinisent les fantômes de leur délire amoureux! Elles deviennent les amans de leurs compagnes, et souvent le désespoir s'emparant de leurs ames, la consomption ou le suicide ont été le terme d'une vie qu'elles détestaient.

Chaque sultane a sa maison montée, et ses esclaves particulières; mais il paraît que, pour le traitement, ces malheureuses filles vivent et habitent en communauté. Leurs maîtresses se rendent entr'elles des visites de cérémonie, et donnent *quelquefois* de petites fêtes auxquelles le sultan assiste.

Elles déploient dans ces occasions le charme de leur voix, et elles font exécuter, ou elles exécutent elles-mêmes, des danses voluptueuses.

Quand le sultan honore une femme de sa présence, il se rend ordinairement près d'elle en tête-à-tête. Qu'on ne croie pas que ce soit après la distinction du mouchoir, fable aussi ridicule que celles qu'on a débitées sur les harems; il y vient après s'être fait annoncer par un eunuque noir, qui se prosterne devant la princesse qu'il tyrannise par sa surveillance.

Sélim III préfère à ces rendez-vous, les douceurs de la société de sa mère, qu'il respecte et qu'il chérit tendrement. S'il vient dans le harem, c'est pour lui rendre ses hommages, c'est pour épancher ses peines dans son sein. Prince trop faible pour prendre une grande résolution, il a toutes les vertus et les qualités d'un simple particulier! On l'accuse cependant d'un vice commun à la nation, en voyant l'espèce d'abandon dans lequel il laisse ses femmes; mais c'est un de ces bruits populaires dont rien ne démontre la vérité. Les résultats ne prouvent pas davantage, quand on réfléchit qu'un prince est énervé dès sa plus tendre *jeunesse*. Plaignons donc plutôt ce monarque, qui n'a d'autres vices que sa bonté et l'ignorance d'une nation, qu'aucunes conceptions humaines ne peuvent plus remettre sur la ligne des puissances de l'Europe.

Nous sortîmes du harem sur la pointe du pied, et après avoir bien examiné si nous n'avions pas été apperçus. Notre introducteur nous assura que nous étions les seuls Européens qui y eussent jusqu'à ce jour pénétré.

Il fallut, avant de nous séparer, venir prendre des rafraîchissemens chez M. Jaques, qui nous témoigna combien il s'ennuyait au service du sultan, où il recevait six mille piastres par an. Il se proposait de retourner sous peu dans sa patrie, de vivre à Rastadt, où j'ai su qu'il était arrivé. C'est aussi d'après cette nouvelle que j'ai pu, sans le compromettre, citer le nom de cet estimable étranger.

CHAPITRE XXXII.

COMMISSION DES SECOURS. — NOLISATION D'UN BATIMENT POUR RETOURNER EN FRANCE. — PRÉPARATIFS DES PASSAGERS. — DÉPART DE CONSTANTINOPLE. — ÉTAT DE LA MARINE DES GRECS.

J'ARRIVE à la partie la plus agréable de mon voyage, peut-être particulièrement pour moi, car elle me rappelle le moment, tant de fois désiré, de mon retour en France; mais comme le lecteur y trouvera encore des détails intéressans, je ne balance pas à lui donner ce qu'il y a de plus saillant dans cette navigation. J'ose même assurer qu'elle renferme un état approximatif de la marine des Grecs, sur laquelle on a peu de notions.

Depuis que la Porte avait consenti à l'élargissement des prisonniers français, et à leur embarquement partiel pour la France, quelques uns d'entr'eux, pris parmi les fonctionnaires publics sortis d'arrestation, avaient obtenu la permission d'organiser un conseil reconnu, et désigné sous le nom de commission des secours.

C'était sous les auspices de la Russie qu'il avait reçu son existence; le chargé d'affaires de France, M. Ruffin, en était le président; M. Flury, consul-général du commerce, en gérait la vice-présidence. L'objet de cette institution était de répartir aux Français prisonniers, les secours que le gouvernement leur attribuait à raison de leurs grades.

Pendant le cours de la guerre, les fonctions de cette commission avaient été remplies par M. de Bouligni, ministre d'Espagne. Les prisonniers avaient beaucoup dû à ses bienfaits, quoiqu'il fût souvent contrarié par les circonstances fâcheuses au milieu desquelles il se trouvait placé, et qui enchaînaient sa bonne volonté. Ces circonstances elles-mêmes s'aggravèrent au point qu'il se vit obligé de suspendre l'exercice de son ministère auprès de la Porte, qui lui intima l'ordre de quitter Constantinople. Cet ordre, arraché à la faiblesse du divan par la tyrannie de ses alliés, fut un modèle de ridicule comme tout ce qui parut dans ces jours de calamité, où la raison semblait exilée du conseil des rois qui nous faisaient la guerre. M. d'Hubschs, riche banquier, ministre du roi de Danemarck, succéda à M. de Bouligni, et ce fut la force des choses et le malheur des Français, qui obligèrent nos ennemis à lui permettre d'être le canal des bienfaits de notre gouvernement. Mais de quels ménagemens il fallut user pour correspondre avec lui!... que de choses il est même à propos d'oublier!

A la gestion de M. d'Hubschs, succéda la commission. Son premier objet fut de prendre des renseignemens sur les divers endroits de la Turquie où il existait des prisonniers et d'en dresser un état authentique; enfin de négocier, par l'entremise de la Russie, les moyens de les renvoyer en France. Les partis, à cette époque, étaient assoupis à Pera, quoique les Français tinssent encore en Egypte. La Russie s'était ouvertement déclarée pour nous, depuis que le premier Consul avait renvoyé, sans échange, ses prisonniers, qu'il combla de graces et d'argent. La puissance la plus influente à Constantinople, nous couvrant donc de son égide, la commission nolisa un bâtiment, avec pavillon russe, qui devait faire voile dans les premiers jours de septembre. Il était commandé par un capitaine grec de Céphalonie, appelé *Panagi-Pana*, qui avait sous ses ordres un équipage de dix-sept hommes de la même nation. Je retrouvai parmi ces Grecs, un jeune Céphaloniote, appelé Spirou, le même qui avait naufragé sur les côtes du Magne, et qui avait fait avec nous le voyage de Constantinople, lorsqu'on nous conduisait aux Sept-Tours. Je me réjouis beaucoup de cette connaissance, qui me procura bientôt celle du capitaine et de plusieurs autres Grecs dont j'obtins les renseignemens que je désirais depuis long temps sur l'état actuel de la marine des Grecs, afin de pouvoir fixer les idées des politiques sur un objet aussi important.

On pourrait mettre en fait que, sans l'aide d'aucune puissance, le sort des Grecs doit changer. Une révolution dans les idées aura lieu, mais elle sera la dernière, à cause de la lèpre de l'ignorance et de l'influence de leurs papas, qui ne leur inspirent que la haine des catholiques, desquels seuls la lumière pourrait leur arriver. En attendant, il s'en est déjà opéré une grande dans leurs fortunes. Pauvres, exilés dans leur propre patrie, les Grecs ne semblaient exister que pour être les esclaves des Turcs, lorsque l'élément qui baigne leurs côtes et les îles qu'ils habitent, a frappé leurs regards. Dès lors, on a vu des îles ignorées sortir tout à coup de l'obscurité, et déployer leur pavillon pour venir commercer dans nos ports. Du nombre de ces insulaires grecs, les habitans d'Hydra furent les premiers qu'on vit paraître. Faibles comme tout ce qui commence, ils dirigeaient en tremblant leurs vaisseaux avec des voiles latines, et ne se hasardaient pas d'abord au delà de leur archipel. Les habitans des autres îles, plus timides encore, osaient à peine aller jusqu'à Constantinople avec leurs volisks, et le Bosphore était le terme de leur navigation.

Lambro, connu par ses exploits militaires, par ses pirateries, et enfin par la destruction de son escadrille, fut le premier qui ouvrit les yeux de ses compatriotes, sur ce qu'ils pouvaient devenir. Ils furent témoins de ses actions, ils le virent affronter la puissance turque avec quelques bâtimens légers, et ils ont recueilli de lui cette parole

mémorable, « que s'il avait eu sous son com-
» mandement la frégate *la Sybille*[1], il aurait fer-
» mé les Dardanelles aux Turcs. » Dès lors, la
nation entière a pensé que c'était par la marine
qu'elle pouvait espérer de sortir de l'oppression,
ou plutôt un heureux instinct lui a fait prendre
ce parti.

Quelques bénéfices qui encouragèrent les nouveaux Argonautes, et plusieurs voyages leur
ayant donné une idée de navigation, ils ont paru
en France à l'époque de la révolution pour faire
le commerce des grains : alors, des profits immenses qu'ils ont faits pendant ces temps de nos
calamités, sont nées de plus grandes spéculations.
A cette époque aussi, on a, pour la première fois,
entendu prononcer le nom de millionnaire parmi
les Grecs; des maisons de négoce se sont élevées
dans les principales échelles, et ont embrassé les
branches de commerce que les Européens y faisaient. Les Hydriotes sont devenus les caboteurs
de l'Archipel pour l'exportation des denrées ; et
ils ont abandonné les frêles esquifs qui furent le
commencement de leur prospérité, pour acheter
des vaisseaux plus propres au commerce qu'ils
méditaient. On ne les rencontre donc plus au-

---

[1] Frégate française alors en croisière dans l'Archipel, pour protéger le commerce.

jourd'hui qu'avec des bâtimens de trois et quatre cents tonneaux; et, depuis cette force jusqu'à cent, Hydra en possède au delà de deux cents. Dans la crainte des Barbaresques, qui ne les respectent pas toujours, les Grecs ont armé leurs vaisseaux d'une bonne artillerie et d'équipages qui, au besoin, formeront un jour des marins capables d'exterminer les Turcs.

Poros, située presqu'en face d'Hydra, vis-à-vis du port Pogon, qui est l'ancien port de Trézène, en est au point où Hydra se trouvait il y a dix ans : ses navigateurs ont encore beaucoup de vaisseaux à voiles latines; et le total des bâtimens de cette île est de plus de quatre-vingt, qui portent du canon.

Les Spezziotes, ou insulaires de la Spezzia, tiennent le second rang après les Hydriotes, et ils ont des vaisseaux de cent vingt pieds de quille. La population de l'île, qui est toute entière adonnée à la navigation, est pleine de bravoure et de résolution, et ses ports ne peuvent contenir les vaisseaux qui lui appartiennent, dont le nombre s'élève au dessus de quatre-vingt.

L'île d'Ipsara, ou Psara, sur laquelle le voyageur jette à peine un coup d'œil, compte cinquante navires marchands qui traversent les mers, et qui tous appartiennent à ses habitans, ou à des maisons de commerce de Smyrne. *Scala Nova* est dans un état florissant; les forêts de la

Caramanie lui offrent des ressources inépuisables pour les bois de construction. Cette ville elle-même, à peine connue depuis un demi-siècle, est dans une situation qui s'améliore encore chaque jour.

Sans poursuivre plus loin l'énumération, je puis dire que les Grecs, par leur industrie, seuls et sans appui, forts de leur génie naturel, se sont déjà créé une marine marchande de plus de six cents vaisseaux; car, outre les ports cités, il est une infinité d'îles et d'échelles d'où sortent des bâtimens de cette nation. Leur fortune a augmenté au point de pouvoir se procurer de grandes ressources, dans un moment de désespoir. Ils en ont déjà ennobli l'usage par la fondation de quelques écoles; et, avant *dix ans*, les hommes les plus instruits dans les affaires de cette nation assurent qu'ils pourront se passer des étrangers pour diriger leurs maisons de commerce, et les principaux établissemens qu'ils méditent. S'ils ne précipitent point le cours des événemens, s'ils restent en garde contre les séductions de l'étranger, qui les a déjà sacrifiés, les Grecs pourront espérer un changement heureux. Qu'ils se gardent sur-tout de l'orgueil et de la présomption, en faisant attention à l'état de la marine turque; car un instant les plongerait dans des malheurs plus grands encore que ceux qu'ils ont éprouvés.

Les galiondgis, ou soldats de marine turque, ne sont plus, comme autrefois, composés de Grecs, et il ne s'en trouve parmi eux qu'un très-petit nombre. Je sais qu'ils sont mauvais marins; mais ils ont plus d'aptitude aux manœuvres du canon qu'autrefois, et les Grecs eux-mêmes sont loin d'être exercés dans cette partie. La mer sur laquelle ils rencontreraient les Turcs est également familière à ces derniers. Les Grecs ne devront donc songer à s'affranchir que graduellement, et ils feraient sagement de ne mettre leurs projets en évidence, qu'avec la certitude du succès.

Après ce court exposé, qui pourra engager un autre voyageur à étendre ses recherches sur la marine actuelle des Grecs, je reviens au bâtiment céphaloniote que nous devions monter pour retourner en France. C'était à qui, des passagers, l'encombrerait de provisions pour faire le voyage; et cette précaution n'était pas tout à fait inutile, par le peu de soin que deux commissaires nommés à cet effet, mettaient à cette partie. Ils avaient cependant l'air de se donner bien des peines, et j'ai su depuis qu'elles avaient été récompensées de manière à ne pas les leur faire regretter. Nous devions être encombrés de familles entières, ayant femmes et enfans, et je déplorais bien sincèrement l'incommodité d'une semblable société. Elle offrit pourtant quelque chose d'amusant par le ton de prétention que chacun apportait, tout le monde voulant au moins paraître important! Les Grecs ne furent pas les derniers à s'en appercevoir; et, profitant de l'anarchie, ils différaient le départ d'un jour à l'autre, tantôt sous *prétexte* que l'eau était rare à Constantinople, et qu'ils avaient la plus grande peine à s'en procurer; tantôt sous un autre *motif*, mais toujours dans l'intention, plus réelle, de charger quelques objets pour la France.

Le jour fatal arriva enfin, j'ose dire grace aux soins de M. Flury, et aux prières que je lui fis, ainsi qu'à M. Fonton, d'accélérer ce moment; car jamais nous n'eussions quitté le rivage turc. Il manquait toujours quelque chose; et nous étions à la voile, au delà de Saint-Etienne, qu'un des plus grands marins des passagers, se lamentait encore sur la perte d'un pâté froid qui manquait dans la caisse de ses provisions.

Le 9 septembre, l'ordre du caïmacan fut donné au *Saint-Nicolo* de quitter le rivage de Thophana, et je vins, dès le matin, m'installer dans l'entrepont, où ma place était humblement désignée par un n°. 17. J'y pris poste, et j'eus le plaisir de voir défiler les familles, les meubles, les cages à poules, les paniers de fruits, de vivres, qui formaient de notre vaisseau une île flottante, ou plutôt une vraie Cocagne.

Le secrétaire du drogman de la Porte vint nous faire visite, afin, disait-il, de nous compter;

mais, comme je lui représentai que les Français qui partaient pourraient le plaisanter sur une pareille opération, et.... il me salua, et reprit le chemin de Constantinople.

A deux heures, on tira le canon de partance; et, comme il ne faisait pas un souffle de vent, six chaloupes nous donnèrent remorque jusque devant Dolma Bakché, où le vent du nord, commençant à souffler, nous orientâmes nos voiles, et fîmes route. Alors, nous arborâmes le pavillon parlementaire français et russe; et notre capitaine, en saluant le sérail, tira un coup de canon à boulet qui faillit couler un caïque, et alla frapper dans les murs du palais.

Je ne parlerai pas de la navigation de la Propontide, qui commença par un souper copieux, et où ceux qui avaient des affections à Pera, noyèrent un peu leur chagrin.

Le surlendemain, nous vînmes mouiller à Nagara, à une demi-lieue des Dardanelles.

CHAPITRE XXXIII.

NAGARA. — DÉPART, NAVIGATION JUSQU'AU GOLFE DE LA MAMETTE, OU D'HAMET EN AFRIQUE.

Le but de notre relâche à Nagara était de faire de l'eau, que les Grecs n'avaient pu se procurer à Constantinople. Nous y visitâmes en même temps nos provisions de viandes salées, qu'on trouva bonnes à jeter à la mer; ce qu'il fallut exécuter sous peine de voir empoisonner le vaisseau qui nous portait. On convint de les remplacer par quelques moutons, dignes de pitié, tant ils étaient maigres; et malheur à ceux qui s'étaient proposé d'acheter quelque chose aux Dardanelles, où tout est beaucoup plus cher qu'à Constantinople.

Nagara, où nous avions relâché, est un mouillage sur la côte d'Asie, à une demi-lieue à l'est du château des Dardanelles, et au dessous de la pointe où devait être bâtie Abydos. Un bas-fond qu'on voit à peu de distance, du même côté, paraît avoir été le lieu où Xercès fit jeter le pont sur lequel son armée passa d'Asie en Europe.

Le cap d'Abydos est maintenant enfermé de murailles, et transformé en un parc rempli d'arbres fruitiers. L'eau d'une fontaine, qui coule de ses hauteurs, est celle dont les bâtimens font provision. Les Turcs ont grand soin d'en détourner le cours, qui est d'ailleurs peu abondant, afin d'extorquer une légère rétribution aux navigateurs qui veulent s'approvisionner en cet endroit, qui n'en obtiennent le rétablissement qu'à cette condition. On trouve dans ce même parc une petite chapelle turque, et le tombeau d'un misérable santon, dont le sabre et le bouclier sont suspendus à la muraille, au dessus de l'endroit où il repose. On monte en ce lieu par un escalier; et tous les voyageurs peuvent indistinctement venir chercher un abri dans la mosquée voisine. Nagara consiste, outre cela, en trois maisons occupées par deux boulangers et un cafetier. Sur le chemin de ce mouillage, au château des Dardanelles d'Asie, on trouve une fontaine sans eau, qui est assez solidement bâtie, et toute cette côte est aride et inculte. Le rivage, au reste, est âpre, sans culture, rempli de gibier; et on ne voit quelques points fertiles qu'aux environs de l'ancienne Arisbe, et sur les bords de la Selleïs, où il y a de beaux platanes.

Après être restés à Nagara jusqu'au 28 fructidor, ou 13 septembre, nous en partîmes à deux heures après midi; et, à la sortie de l'Hellespont, nous vîmes un navire anglais de la division Blanche, qui répondait au salut des premiers châteaux turcs. Ce ne fut pas sans une nouvelle émotion, que je saluai la plaine de Troie, et ses campagnes enchanteresses, riches de tant de fictions, et dans lesquelles il faut voir, par conjecture, le Xanthe et le Simoïs.

Les sommets du mont Ida, chargés de nuages légers; le faîte du Gargara, qui disparaissait de temps en temps dans la brume; une sorte d'inquiétude générale, annonçaient les premiers vents de l'équinoxe. Les vaisseaux que nous appercevions serraient leurs voiles, ou couraient chercher un abri dans quelque port voisin; et trois frégates russes venaient de laisser tomber l'ancre entre Imbros et Ténédos. Nous déployâmes nos pavillons à leur aspect; et, le vent renforçant, nous les perdîmes bientôt de vue dans l'obscurité qui enveloppa la surface des mers.

Dans quarante-huit heures, nous fûmes portés à Cérigo; et, les vents étant peu après devenus contraires, nous mîmes huit jours pour arriver dans le canal de Malte. Nous rencontrâmes plusieurs vaisseaux parlementaires qui portaient la garnison française du Caire à Marseille, et nous apprîmes l'évacuation de l'Egypte entière. Le vent nous forçant de louvoyer, nous approchâmes de la côte d'Afrique. Le 5 vendémiaire, étant voisins de l'île de Lampedouse, nous fûmes visités par deux frégates américaines; elles s'informèrent si nous avions eu connaissance de quelques bâtimens barbaresques, et nous apprirent qu'elles étaient en guerre avec la régence de Tripoli.

Libres de cette visite, nous laissâmes le Lampion et la Lignosa, qui sont deux écueils voisins de Lampedouse, et nous tirâmes des bordées vers la côte d'Afrique. A mesure que nous approchions de terre, nous trouvions la mer poissonneuse; et, le 8 vendémiaire, nous entrâmes dans le golfe de la Mamette ou d'Hamet.

Cette côte inhospitalière, dangereuse dans tous les temps, l'était encore beaucoup plus, à cause de la guerre entre les états de Barbarie et la France. Nous continuâmes de la longer en louvoyant à peu de distance, afin d'arriver au cap Bon.

CHAPITRE XXXIV.

NAVIGATION, EN SUIVANT LES CÔTES, DEPUIS LE GOLFE DE LA MAMETTE OU D'HAMET, JUSQU'AU CAP BON. — RELACHE A PORTO-CONTÉ, EN SARDAIGNE.

La côte d'Afrique, depuis Zerbi jusqu'au cap Bon, fait, comme on sait, partie du royaume de Tunis. Couverte de riches moissons et de quelques forêts profondes, elle est habitée par une race d'hommes barbares et cruels, chez lesquels les lois de la civilisation n'ont jamais pénétré. On y compte quelques ports, où parfois des vaisseaux se sont hasardés à venir faire des chargemens de laines, mais toujours avec de grands périls. Après Africa, qu'on nomme encore Mehedia, la ville la plus connue de ces parages est Suze. Comme nous en étions fort près, je pus la voir à loisir, ainsi que ses environs.

Suze, située au fond d'une baie formée par le prolongement d'un cap, qui se recourbe pour décrire une circonférence dont l'ouverture est au nord, paraît être une ville médiocre. On la reconnaît de loin par les montagnes de plomb qui sont couvertes d'une forêt de palmiers, qui est d'une très-grande étendue. Sur le cap dont j'ai parlé, on voit une tour ronde, bâtie probablement pour protéger l'entrée de la rade. Ses maisons blanches, sans toit, ses minarets écrasés, lui donnent l'air de toutes les villes d'Afrique. Cinq îlots épars aux environs du cap, rendent cette plage assez calme, et servent de points de reconnaissance.

Deux lieues plus au nord, nous vîmes une multitude de tentes d'Arabes nomades, disposées avec la régularité d'un camp, assis sur le penchant d'un coteau qui domine Kashr Hali, dont Héraché est le port.

Quatre lieues plus loin, en suivant le rivage dans la même direction, nous fûmes en vue d'Hamet, d'où le golfe a pris son nom, et dont le mouillage est, je crois, fort périlleux. Il s'en détacha plusieurs canots qui se tinrent constamment éloignés de nous, qui rentrèrent et sortirent plusieurs fois de quelques anses du rivage, ce qui nous fit présumer que c'étaient des pêcheurs.

De là, jusqu'au cap Bon, nous vîmes plusieurs villages, et le fort de Sidi Daoud, à quatre lieues de son extrémité, que nous dépassâmes après nous être traînés péniblement depuis Suze.

Il semblait que nos marins voulussent nous faire faire une reconnaissance des côtes de la Méditerranée; car, après nous avoir ensuite tenus dans les bouches de Tunis, ils nous conduisirent jusqu'à la vue de l'ancienne Utique, aujourd'hui

Porto Farino; et ce ne fut que le 12 vendémiaire que nous apperçûmes l'île de Sardaigne.

Les vents de l'équinoxe éclatèrent presque aussitôt, et jamais la mer ne fut plus affreuse. Le bruit du tonnerre retentissait de tous les points de l'horizon, et si la pluie ramenait un instant le calme, c'était pour être bientôt interrompu par une tourmente nouvelle. La nuit, qui survint dès que nous eûmes perdu l'Afrique de vue, répandit sur les eaux une scène d'horreurs que les cris des matelots rendirent plus affreuse ; enfin, au retour de la lumière, nous courûmes sous la misaine, pour chercher un abri à Porto-Conté en Sardaigne; tandis qu'un vaisseau parlementaire anglais, le *Tartare*, auquel nous avions parlé le soir, allait déposer en France qu'il nous avait vus périr, corps et biens, sur les côtes de l'île où nous avions trouvé un abri.

CHAPITRE XXXV.

DESCRIPTION DE PORTO-CONTÉ. — DÉPART DE LA SARDAIGNE. — RELACHE AUX ÎLES D'HYÈRES. — NOUVELLE DE LA PAIX AVEC L'ANGLETERRE. — RELACHE A TOULON. — ARRIVÉE AU LAZARET DE MARSEILLE.

Nous fûmes pilotés, pour entrer dans Porto-Conté, par un corsaire anglais qui, après nous avoir donné la chasse, et reconnu nos pavillons parlementaires, nous précéda au mouillage que nous cherchions. Après avoir laissé tomber l'ancre, je me rendis à terre avec mon camarade Fornier, afin de raisonner avec le commandant d'une tour qui domine l'entrée du port.

Nous descendîmes sur un rivage coupé de rochers, et absolument aride. A vingt pas de la tour, nous entendîmes une voix nous héler, en disant d'arrêter, et, bientôt après, le commandant de la tour descendit de son palais aérien, au moyen d'une échelle de corde. Il nous dit qu'il était *alcade*, au service de Sa Majesté le roi de Sardaigne, et de plus, commandant du port où nous étions mouillés. J'avoue qu'il fit bien de nous instruire de sa dignité; car il avait plutôt l'air d'un magicien que d'un alcade. En effet, qui aurait pu reconnaître un alcade dans un homme à peine couvert par une culotte blanche rapiécée, dont les jambes étaient nues, chaussé de vieux souliers décolorés par le temps, vêtu d'une veste sans manches, dont les devants, autrefois noirs, tiraient sur l'ambre, et tenaient par-derrière au moyen de deux morceaux de toile blanche, qui semblaient avoir appartenu aux voiles d'un vaisseau? Pourtant, nous saluâmes monsieur l'alcade, un des plus illustres personnages, à son dire, de toute la Sardaigne, et aussi noble que le roi, pour ne pas dire plus. Par réciproque, il se découvrit, en soulevant la portion de chapeau subsistante, qui lui couvrait le sommet de la tête.

Après les questions d'usage, qu'il nous fit sur la peste, nous lui demandâmes des vivres à acheter; et comme il nous dit qu'il ne s'en trouvait qu'à Algieras, ville éloignée de quatre lieues, et qu'on n'en pouvait vendre ailleurs sans un ordre du gouverneur, nous résolûmes de recourir à ce magistrat, et de nous adresser au consul de Russie, pour solliciter en même temps en notre faveur. L'alcade nous ayant quittés après ce court entretien, remonta dans son appartement par son échelle de corde, et nous avançâmes au pied de la tour. Nous engageâmes de là, avec lui, une conversation assez plaisante, lorsque deux canonniers qui formaient sa garnison vinrent le joindre. Ils étaient vêtus de bure et avaient une petite jupe noire au lieu de culotte. Aux énormes goîtres qui les défiguraient, et à leur tournure, nous ne pûmes retenir les éclats de rire; le bon alcade fut loin de s'en formaliser, et il redescendit même pour accepter quelques biscuits de mer que nous lui offrîmes, car le pain, comme on sait, ne transmet pas la peste. Il fut ensuite résolu et arrêté, dans une convention que les biscuits facilitèrent, que nous pourrions errer tout au tour de la rade, et faire de l'eau si nous voulions. Pour les canonniers, après nous avoir considérés, ils grimpèrent à la tour, et l'alcade ayant retiré l'échelle, ferma sa lucarne, et nous dit adieu jusqu'au lendemain.

Porto-Conté est un mouillage de l'île de Sardaigne, connu de tous les navigateurs, et où l'on ne trouve aucune habitation. L'entrée en est défendue par deux tours rondes, garnies de quelques pièces de canon qui suffisent pour en imposer aux corsaires de Barbarie. Celle qui est la résidence de l'alcade se trouve à droite en entrant; elle est haute de plus de soixante-dix pieds; et outre les canons, elle possède une infinité de pierres qui écraseraient ceux qui voudraient s'avancer jusqu'au pied.

On peut jeter l'ancre dans la rade de presque tous les côtés, excepté au voisinage de la tour de gauche, où il y a des rochers à fleur d'eau. Au fond de la rade, il se trouve une fontaine dont l'eau est un peu saumâtre ; et nous pêchâmes une pleine barque de pinnes marines, sur le rivage qui l'avoisine. Elles étaient d'une grandeur prodigieuse ; elles contenaient de la soie, et la coquille était plaquée d'une assez belle nacre ; leur chair que nous assaisonnâmes, était dure et coriace.

Je trouvai tout le rivage couvert de palmiers rabougris, chargés de dattes dures. J'y cueillis des narcisses odorans qui fleurissaient pour la seconde fois, et nous y ramassâmes des raiforts et des pissenlits, dont nous fîmes de copieuses salades.

La pêche y répondit peu à nos désirs ; quelques rougets mordaient à peine à nos hameçons, et les équipages de plusieurs vaisseaux génois, qui se trouvaient là, ne donnaient pas des coups de filets plus heureux.

Pendant huit jours que nous restâmes à Porto-Conté, je reçus une visite du capitaine du corsaire anglais dont j'ai parlé ; il était de Mahon, et, à sa prière, je retirai une balle de la cuisse d'un de ses matelots, qui avait été blessé dans un combat soutenu, quelques jours auparavant, contre un vaisseau corse armé en course. Il m'apprit que la mer était couverte de pirates de Barbarie, avec lesquels il avait beaucoup de ressemblance, quoique couvert d'amulettes et de croix. Je consentis à voir deux autres de ses hommes qui avaient pris la fièvre à Sassari, ville malsaine, éloignée de six lieues de Porto-Conté, et où ils avaient séjourné l'espace de six jours.

Enfin, après plusieurs lettres écrites au consul de Russie, M. Franceso-Alessio, résidant à Algieras, nous le vîmes arriver dans sa yole, suivi d'une barque chargée de provisions que nous lui payâmes. Nous sortîmes le lendemain de ce port où les vents semblaient nous tenir enfermés depuis douze jours, et, le 26 vendémiaire, à cinq heures du matin, nous vîmes les rivages de la France.

A sept heures, nous vînmes jeter l'ancre dans la rade d'Hyères, et le brick l'*Abeille* nous annonça la signature des préliminaires de paix avec l'Angleterre. A cette nouvelle, à la vue de notre patrie, des larmes de plaisir et de joie coulèrent de tous les yeux! Il nous apprit en même temps que le deuxième parlementaire, parti six jours après nous de Constantinople, était arrivé à Toulon, où il faisait quarantaine; et, comme il fallut nous rendre nous-mêmes au lazaret de Marseille, nous y trouvâmes les passagers du troisième parlementaire, parti vingt-deux jours après nous, qui avaient commencé leur quarantaine. Ce fut là où se termina mon voyage, après une dernière navigation de cinquante-un jours.

FIN DU TOME SECOND.

TABLE
DES CHAPITRES
DU
SECOND VOLUME.

CONSTANTINOPLE.

Chapitre Ier. Entrée aux Sept-Tours; noms des prisonniers qui y étaient détenus. — Nous retrouvons deux de nos camarades. — Déclaration de guerre de la Porte. — Détails sur l'arrestation du chargé d'affaires M. Ruffin. Expulsion des Français du Palais de France. ... 1

Chap. II. Relation de MM. Beauvais et Gérard. Arrivée du corsaire barbaresque à Paxous. — Idée de cette île. — MM. Beauvais et Gérard sont conduits à l'amiral turc. ... 12

Chap. III. Suite des aventures de MM. Beauvais et Gérard. — Séjour à bord de la flotte turque. — Leur débarquement à Patras. — Ils quittent cette ville et arrivent à Lépante. ... 20

Chap. IV. Suite. — Départ de Lépante. — Route jusqu'à Salone; idée de cette ville. ... 27

Chap. V. Suite. — Départ de Salone. — Itinéraire jusqu'aux Thermopyles. — Leur description.

— Route jusqu'à Zeitoun. — Idée de cette ville. 36

Chap. VI. Suite de l'itinéraire. — Route de Zeitoun à Pharsale. — Idée de cette ville. 46

Chap. VII. Plaine de Pharsale. — Route jusqu'à Larisse. — Idée de cette ville. — Revue des troupes partant pour Widin. 49

Chap. VIII. Suite de l'itinéraire des prisonniers. Départ de Larisse. — Couchée à Platamona. — Route jusqu'à Catharina. 55

Chap. IX. Château impérial des Sept-Tours. — Historique, administration intérieure. 62

Chap. X. Topographie des Sept-Tours. 70

Chap. XI. Deuxième circonvallation, ou enceinte extérieure des Sept-Tours. 83

Chap. XII. Vie habituelle des prisonniers. — Visite de l'aga. — Dogmes principaux des Turcs. — Mort de l'adjudant-général Rose. — Visite de l'Istambol effendi. — Attaque des Sept-Tours par les Lazes. — Evénemens arrivés à Constantinople et dans l'Empire Othoman, pendant la première année de notre détention. 95

Chap. XIII. Tableau de Constantinople. 108

Chap. XIV. Suite du tableau de Constantinople. — Détails d'un repas du pays. — Kebadgis ou rôtisseurs. — Cafés. — Teriakis. — Suleyman Yeyen. 114

Chap. XV. Suite du tableau de Constantinople. — Costumes. — Lois somptuaires. — Noms des peuples qui habitent la ville. — Corps de métiers. 127

Chap. XVI. Fin du tableau moral de Constantinople. — Récréation des Turcs. — Danseurs. — Yamakis. — Tabagies. — Ivrognes privilégiés. — Coups de canon de minuit. — Incendies. 134

Chap. XVII. Bagne de Constantinople. — Traitement des prisonniers français dans ce lieu. 143

Chap. XVIII. — Maison de Sélim III. — Sa famille. — Titres qu'il met en tête de ses fermans. 160

Chap. XIX. Notice sur Isaac bey. 166

Chap. XX. Essai sur les saisons et l'état du ciel de Constantinople. 172

Chap. XXI. Etat de la Turquie en l'an VIII (1800.) 176

Chap. XXII. Suite des événemens arrivés à Constantinople pendant ma captivité. — Sortie du château des Sept-Tours. 182

Chap. XXIII. Maison d'arrêt de Pera. — Coup d'œil de ce faubourg et du Champ-des-Morts. — Noces arméniennes. — Fête de la Circoncision des enfans turcs. 188

Chap. XXIV. Grands de l'Empire. — Usages.

— Etiquette. — Bureaux des ministres. — Idées des Turcs sur Platon. 200

Chap. XXV. Musique turque. — Promenade de Dolma Bakché. — Sélim aga. — Arrivée des prisonniers de la mer Noire. 205

Chap. XXVI. Marine turque. — Bassin de construction. — Etat du port. — Ecole de dessin. — Imprimerie. — Bureau topographique. 209

Chap. XXVII. Excursion à Boïoukdeyré et à Belgrade. 212

Chap. XXVIII. Détails de l'arrestation et de la captivité de M. Beauchamp, astronome, incarcéré à Fanaraki ; sa maladie, sa translation à Pera. — Itinéraire. — Châteaux du Bosphore. Description de Fanaraki. — Ile Cyanée d'Europe. 216

Chap. XXIX. Isles des Princes. — Fanaraki d'Asie. — Fort de l'Epée. — Chalcédoine. — Equipage barbaresque. — Bohémiens, ou Tchinguenets. 230

Chap. XXX. Description des jardins du sultan. 238

Chap. XXXI. Description du harem d'été. 251

Chap. XXXII. Commission des secours. — Nolisation d'un bâtiment pour retourner en France. — Préparatifs des passagers. — Départ de Constantinople. — Etat de la marine des Grecs. 261

Chap. XXXIII. Nagara. — Départ. — Navigation

jusqu'au golfe de la Mamette ou d'Hamet, en Afrique. 271

Chap. XXXIV. Navigation en suivant les côtes, depuis le golfe de la Mamette ou d'Hamet, jusqu'au cap Bon. — Relâche à Porto-Conté, en Sardaigne. 275

Chap. XXXV. Description de Porto-Conté. — Départ de la Sardaigne. — Relâche aux îles d'Hyères. — Nouvelle de la paix avec l'Angleterre. — Relâche à Toulon. — Arrivée au lazaret de Marseille. 278

Fin de la Table des Chapitres du second Volume.

www.ingramcontent.com/pod-product-compliance
Lightning Source LLC
Chambersburg PA
CBHW071604170426
43196CB00033B/1782